実生活で役立つ
“武器”になる！

明解

経済理論入門

髙橋洋一

あさ出版

はじめに

政府に「最低賃金アップ」を求めるのは、お門違い。

「成長くたばれ」論者は、本当に成長がくたばったら自分が困ることに気づいていない。

「年金は、将来、もらえないから払わない」は愚の骨頂。


これらの話を理解できるだろうか。感覚的に「そんな気がするから」だとか、倫理的に「そうであるべきだから」などではなく、ロジカルに「こういうことだから」と説明できるだろうか。

いつも言っていることだが、世の中には、ウソや誤解から生まれた論説がはびこっている。虚構まがいの論説を世間に振りまく人も、それを信じ込んでしまう人も、じつのところ陥っているところは同じだ。

こういう人たちには、その場その場で主観的、感覚的にモノを考えるクセがある。

揺るぎないロジックに従って考えれば単純明快なことを、わざわざ自分の頭の中でこねくり回し、一貫性にも整合性にも乏しい、めちゃくちゃなことを言い出す。

なぜ、そうなってしまうのか。

要するに、社会を正しく見るための「フレームワーク」が欠けているのだ。

そんなフレームワークとして役立つものが、本書で解説する経済理論である。

＊＊＊

たとえば、夏にはアイスクリームが売れ、冬にはあんまんが売れる。

そういうデータから「夏には冷たいものが売れ、冬には温かいものが売れる」と導かれたら、たとえ冬でもアイスクリームを食べたくなる性分の人でも、個人の感覚は抜きにして、夏には冷たいものをより多く仕入れ、冬には温かいものをより多く仕入れるだろう。

商売を「夏には冷たいものが売れ、冬には温かいものが売れる」というフレームワークに当てはめて考え、より高い利益を上げられるように商品を仕入れるわけだ。

経済理論は、社会を正しく見るためのフレームワークだというのも、これと同様の話である。

社会は幾万の人間で構成されており、人間とは不確定要素の大きな生きものだ。そのまま見ると社会は、ただ混沌として先が読めない人間の集合体に過ぎない。

それでも、社会には一定の法則がある。

とくに経済においては顕著だ。

経済理論というフレームワークに従って考えれば、100パーセントとはいえないまでも、かなり筋のいい読み方ができるし、打率のいい策を講じることもできる。

ファクトとデータに基づいて法則性を見出し、理論化することや、理論に従った見方を世間に示すことは、経済学者の重要な仕事といってもいいだろう。

にもかかわらず、経済学者ですら、びっくりするような誤った論説を平気で流したりする。学者でもない経済記者などは、いうまでもなく、なおさらひどい。

明らかに間違っているものを見過ごすのは、ちょっと気持ちが悪い。

加えて、少しでも世間の誤解を正せればという考えも働き、私はしばしば、ツイッターなどで「この問題は、この理論に従えば簡単」「こういう主張が誤りであることは、この理論に照らせば明確」といったことを発言してきた。

ただし、いかんせん文字数が限られるSNS上でのことだ。それに私としても、もとよりSN

Sに時間を割き、長々と説明するつもりなどない。

そのため、自分ではシンプルに書いたつもりが、それを目にする人の中には「大事なことを言っているようだが、さっぱりわからない」と思う人も多かったのかもしれない。

というのも、あさ出版のかの編集者から「先生がツイッターで挙げているものをはじめ、知っておくべき経済理論を、わかりやすく解説してほしい」という依頼（――という名のいつもながらの〝ぴいぴいした訴え〟）が入ったからだ。

彼女といえば、経済に数字など「ちっとも、わからん！」の急先鋒として、その座を長く維持している。そして、小難しい理論に触れては混乱し、アレルギー反応をおこしている。

さらに、悲しいかな、誤った論説に踊らされている可能性も十二分にある。

そんな〝ずぶの素人〟でもわかるように（ダマされないように！）、「世の中を見るフレームワーク」として重要な経済理論を、このたび、わかりやすく1冊にまとめることとなった。

＊＊＊

ちなみに、経済理論には、長きにわたって正しいとされていたものが、後から覆される場合もある。

たとえば、かつて「資本主義の初期段階では所得格差が拡大するが、やがて経済成長によって所得格差は縮小していく」という説があった。アメリカの経済学者、サイモン・クズネッツが唱え、同氏はノーベル経済学賞も受賞しているが、この説は今では覆されている。

なぜなら、フランスの経済学者、トマ・ピケティが、クズネッツの時代にはアクセスできなかった膨大なデータから「資本主義社会では資本収益率（r）は、GDP成長率（g）を上回る（r＞g）ため、格差は拡大する」と証明したからだ。

それをまとめた『21世紀の資本』は、日本でもベストセラーとなった。

ノーベル賞は、すでに評価が定まった理論に与えられる。このように覆るのは稀なケースではあるが、一方でどのような理論も「絶対」とはいえない例を示したといえる。


ただ、何も拠って立つものをもたないまま社会を見るよりは、経済理論を知っていたほうが、はるかに整合的に社会をとらえることができる。

こうした一般向けの解説本を書く際、私が意識するのは「大学の講義」だ。

いわば「学生代表」（よりも、さらに物分りは悪いであろうが）である、かの編集者にわかるように説明すれば、世間一般の読者にも、きっと伝わるだろう。

そういう意識で、これ以上ないくらい噛み砕いて解説したつもりだ。

いつも言っているとおり、知識は「武器」である。

本書の内容を理解できれば、まるでカメラのフレーム内でピントが合うかのように、スッキリと社会をとらえられるようになるだろう。

巷に流れる愚論や暴論にもダマされなくなるはずだ。

主観的、感覚的にではなく、一定のフレームワークに当てはめてロジカルに社会を見るというスキルを、本書を通じて身につけてもらえれば幸いである。

髙橋洋一

[明解] 経済理論入門

目次

失業率のもう1つの指標──「フィリップス曲線」　60

2章　経済政策がスッキリわかる2大理論

3章 「公平な社会」は、こうして作られる

4章　シンプルなロジックで「バカ」を一撃で倒す

エピローグ

物事を本質的に理解し、自分の頭で考えるために

編集協力／福島結実子

プロローグ

経済理論を学ぶと、何がいいのか

まず、簡単なたとえ話から始めよう。

あるところに、A国という国があった。

A国は、かつて非常に豊かな国で、国民みんなが何かしらの仕事に従事していた。

ところが、そんなA国が不景気に陥った。一転して貧しい国になり、失業者があふれた。失業者はもちろんのこと、仕事がある人たちも困窮する時代が続いた。

起死回生のきっかけとなったのは、新しい産業が生まれたことだ。

A国のリーダーは、まず、仕事がなくて食えない人を減らすために策を練った。国民から少しずつカネを借りて、集まったカネを投じて新しい事業を興したのだ。新事業には人手が必要だから、失業者をたくさん雇った。

その事業は見事に成功し、新たな産業創出にもつながった。こうしてA国はふたたび豊かになり、さらに失業者は減った。

これらの転落・再生劇の体験から、A国のある学者は**「国が貧しくなると失業者が増える」「国が仕事を生み出すと、結果的に国は豊かになり、失業者が減る」**と結論づけた。

この理論は後々にまで語り継がれ、国が沈みかけるたびに紐解かれては、再浮上の手段を考える道しるべとなった。

経済理論は、いったい何のためにあるのか。
経済理論を学ぶと何がいいのか。

その答えを今のたとえ話に込めたつもりなのだが、どうだろうか。

経済理論の役割とは?

経済理論には、

①主にデータ分析によって、現実社会で起こっている現象を「普遍的な法則」として説明すること

②さまざまな手段の打率のいい「根拠」となること

これら、大きく2つの役割がある。

たとえ話の中で、A国の学者は、それまでの体験から「国が貧しくなると失業者が増える」と結論づけた。さらに、A国リーダーが国民から借金をして新事業に投じ、成功したことを受けて、学者は「国が仕事を生み出すと、結果的に国は豊かになり、失業者が減る」と結論づけた。

現実社会で起こっていることを、普遍的な法則として説明したわけだ（①）。

そして、後代のリーダーたちは、国が沈みかけるたびに、学者がまとめた理論を根拠として、そのときどきに考えうる手を打つこととなったのだ（②）。

もちろん、**社会科学の法則なので、絶対に効果があるというのは言い過ぎであるが、少なくともでたらめにやるよりも「打率」はいい。**

ちなみに、このA国はもちろん架空だが、理論は架空ではない。

「国が貧しくなると失業者が増える」というのは「オークンの法則」をごく単純にいったもので、「国が仕事を生み出すと国は豊かになる」というのは、「マンデル＝フレミングモデル」の一部を単純化したものだ。

本当に理解するには、もう少し説明が必要なのだが、それは本文に譲ろう。

〝丸暗記〟は本当の知識とはいえない

ある目的を達成するために、とりうる「手段」は1つだけとは限らない。

そして、**いろいろと考えられる手段から、もっとも筋のいい手段を選ぶには、理論的な裏付けが必要だ。**

これが、手段の「根拠」としての理論の役割だ。

実例を交えて経済政策などを解説すると、よく「なるほど、こういうときは、この政策なんですね」と決めつけたがる人がいる。

はっきりいって、これは、できない人の思考回路だ。

その政策の目的や、政策の根拠となる理論がわかっていないから、たった1つの事例がすべてに通じると勘違いして、選択肢が1つだけになってしまう。まさに「バカのひとつ覚え」だ。

そういう人が、ほかの類似事例で別の選択肢を見せられると、「あれ？　こういうときは、この政策じゃなかったっけ？」と一気に混乱してしまう。

物事には、まず目的がある。その目的を達成するために手段があり、手段の根拠となるのが理論だ。ところが、「こういうときは、この政策」式の覚え方をしている人は、いくつもある手段を、目的と理論に紐付けて考えられていない。だから、すべての手段がバラバラに頭に飛び込んできて、記憶が大変なことになってしまうのだ。

きわめて非効率的なうえに、そんな丸暗記知識は本当の知識とはいえず、何の役にも立たない。

経済理論は経済政策における「フレームワーク」

たとえば、日銀（日本銀行）の職務は「物価の安定」だ。つまり、**日銀の金融政策はすべて、「物価の安定」のために実施されている**ということだ。

では政府はどうか。

政府に求められることは、日銀よりずっと多岐にわたる。だが、つまるところ「雇用の安定」を達成すれば、連鎖的にほかのニーズも達成されることが多いと考えていい。

したがって、**政府が行う政策の多くは、「雇用の安定」のために実施されている**といえる。

経済政策は政府や日銀がそれぞれの目的を達成するための手段で、財政政策と金融政策の2種類がある。そしていずれの場合も、理論に紐付けて考えないと、まともな手段を打てないのである。**大事なのは目的が達成されること**であり、そのために試せることは、じつは無数に考えうる。

そこで**理論が頭に入っていれば、考えられる手段のうち、「どれがもっともコスパがよく、合理的に目的達成につながるか」という選択の問題になる**のだ。「コスパがいい」というのは、要**するに先にも述べた「打率がいい」ということ**だ。

つまりは、**経済理論は経済政策におけるフレームワーク**ともいえる。

というわけで、経済理論を学ぶと何がいいのか。

その答えは、**手段を単なる手段としてバラバラに丸暗記するのではなく、手段をロジカルにとらえられるようになることだ。**

これこそが、本当の知識だ。こうした本当の知識が、物事を本質的に理解し自分の頭で考えるための武器となる。

これから、現実社会を読み解くうえで最低限、知っておきたい経済理論を紹介していく。ノーベル経済学賞を受賞した理論も、そうでない理論も入っているが、それは、あくまでも実用性を重視してのことだ。

現実的に使える知識でなくては、武器にならない。

1つ理論を理解するごとに、世の中の見え方がクリアになっていくと思って、ぜひ読み進めてほしい。

1 章

まず知っておきたい
2大理論

なぜ国は成長を目指すべきなのか
――「オークンの法則」

数ある経済理論の中でも、もっとも重要といえるのは、これから説明する「オークンの法則」だ。私も大学の経済学の講義では、この法則から教えることが多い。

では「オークンの法則」で何がわかるのか。

結論からいえば、**「なぜ国は成長を目指すべきなのか」**がわかる。

世の中には「経済成長よりずっと大切なことがある」「低成長でもいいじゃないか」といった言説も多く見受けられるが、はっきりいって愚論だ。オークンの法則がわかっていれば、そういうことをいう人たちを一撃で論破できるのである。

【図版1】オークンの法則

～なぜ国は成長を目指すべきなのか～

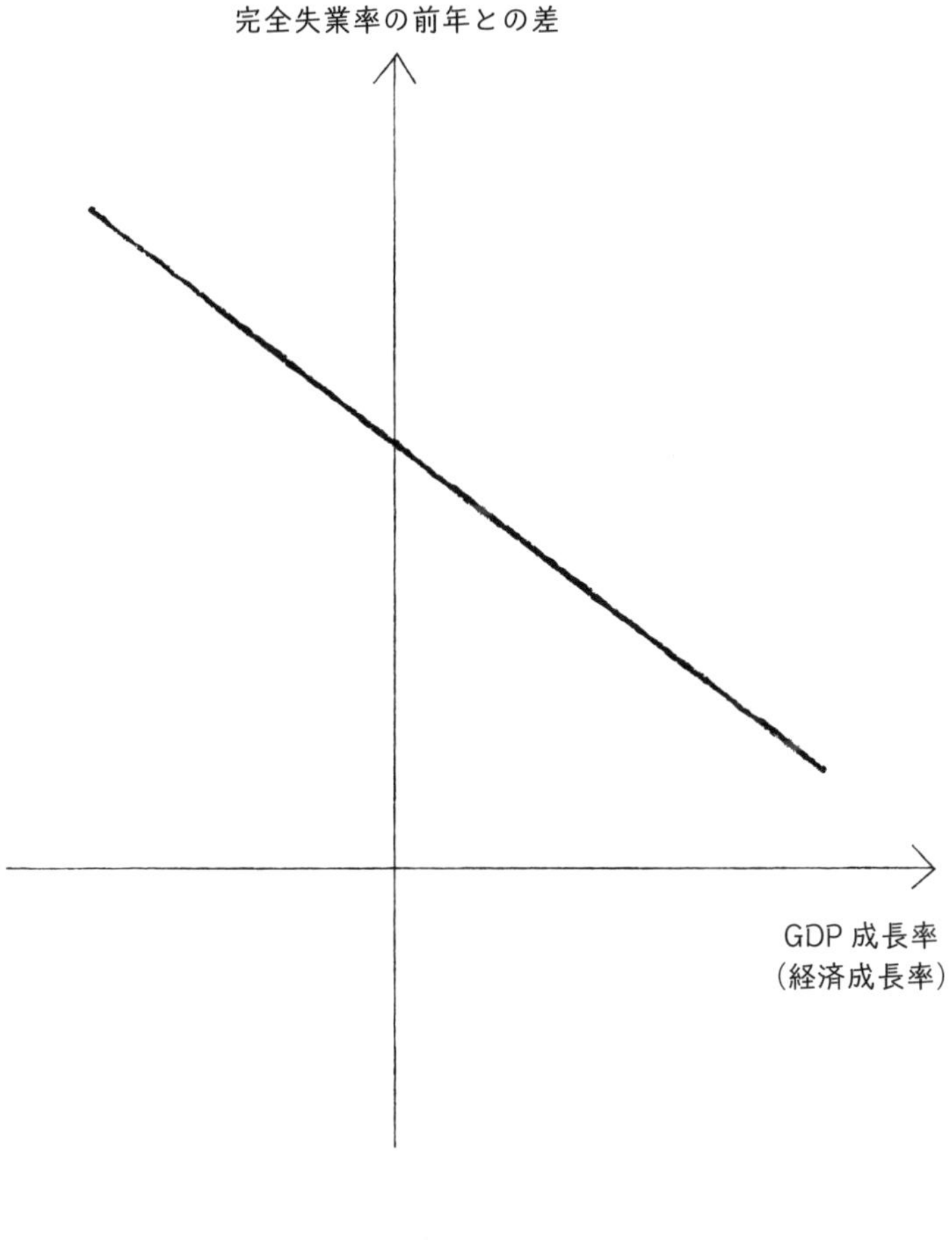

・アメリカの経済学者、アーサー・オークンが1962年に発表

まず、簡単な計算をしてみよう

オークンの法則とは、前ページの【図版1】で示したように、経済成長率が上がると失業率は下がる、という法則だ。

なぜそうなのか、これから説明していこう。

次の【図版2】は、内閣府が公開している「長期経済統計」のなかの「暦年統計　国民経済計算」の一部だ。

ズラリと数字が並んでいるのを見て怯んでしまった読者も多いかもしれないが、ここで注目してほしいのは「国内総生産　実質　前年比」のデータ（【図版3】／p30〜31）だけである。これがオークンの法則のヨコ軸「GDP成長率（経済成長率）」だ。

そして、ここでもう1つ登場するのが、同じく内閣府「長期経済統計」「人口・雇用」のなかの「完全失業率」（失業率）のデータだ（【図版4】／p32〜33）。

この失業率については前年との差を出してみよう。たとえば1958年の2・1%から1957年の1・9%を引き算すると0・2%だ。2017年まで同じ計算を行う。

【図版2】国民経済計算（暦年）

	国内総生産(GDP)			国民総所得(GNI)		国民所得					
	名目		実質	名目	実質	名目国民所得		名目雇用者報酬		1人当たり	1人当たり
	総額	前年比	前年比	前年比	前年比	総額	前年比	総額	前年比	GDP	雇用者報酬
暦年	10億円	%	%	%	%	10億円	%	10億円	%	千円	前年比 %
1955	8,734.0	-	-	-	-	6,772.0	-	3,456.0	-	94	-
1956	9,832.6	12.6	7.5	12.5	7.4	7,587.4	12.0	3,973.5	15.0	105	7.5
1957	11,331.2	15.2	7.8	15.1	7.7	8,790.1	15.9	4,480.9	12.8	120	5.8
1958	12,040.8	6.3	6.2	6.2	6.1	9,188.0	4.5	4,952.1	10.5	126	6.2
1959	13,764.8	14.3	9.4	14.2	9.3	10,528.7	14.6	5,590.8	12.9	143	7.8
1960	16,707.0	21.4	13.1	21.3	13.0	12,912.0	22.6	6,483.1	16.0	172	10.5
1961	20,178.6	20.8	11.9	20.7	11.8	15,572.3	20.6	7,670.2	18.3	206	13.4
1962	22,898.4	13.5	8.6	13.4	8.6	17,499.2	12.4	9,151.7	19.3	231	13.9
1963	26,206.9	14.4	8.8	14.4	8.7	20,191.9	15.4	10,672.5	16.6	262	12.9
1964	30,827.9	17.6	11.2	17.5	11.1	23,377.0	15.8	12,475.8	16.9	305	12.8
1965	34,297.4	11.3	5.7	11.3	5.7	26,065.4	11.5	14,528.2	16.5	336	11.0
1966	39,832.4	16.1	10.2	16.2	10.3	30,396.1	16.6	16,811.9	15.7	386	11.2
1967	46,678.6	17.2	11.1	17.2	11.1	36,005.3	18.5	19,320.1	14.9	448	11.6
1968	55,282.1	18.4	11.9	18.4	11.9	42,479.3	18.0	22,514.0	16.5	525	14.5
1969	64,939.1	17.5	12.0	17.5	12.0	49,938.3	17.6	26,500.7	17.7	609	15.0
1970	76,539.2	17.9	10.3	17.9	10.3	59,152.7	18.5	31,942.2	20.5	708	15.9
1971	84,216.0	10.0	4.4	10.1	4.5	64,645.1	9.3	37,867.7	18.6	764	14.6
1972	96,418.4	14.5	8.4	14.7	8.6	74,601.0	15.4	44,069.3	16.4	862	14.2
1973	117,397.6	21.8	8.0	21.8	8.1	91,823.1	23.1	55,235.8	25.3	1,035	21.0
1974	140,090.4	19.3	-1.2	19.1	-1.4	109,060.8	18.8	70,087.7	26.9	1,219	25.7
1975	154,787.1	10.5	3.1	10.6	3.2	121,025.9	11.0	81,678.2	16.5	1,330	16.2
1976	173,827.9	12.3	4.0	12.3	4.0	137,119.6	13.3	92,120.9	12.8	1,478	11.1
1977	193,706.3	11.4	4.4	11.5	4.4	151,395.2	10.4	102,896.8	11.7	1,631	10.1
1978	213,306.4	10.1	5.3	10.2	5.4	167,571.7	10.7	111,163.6	8.0	1,780	7.4
1979	231,195.5	8.4	5.5	8.5	5.6	180,707.3	7.8	120,120.3	8.1	1,912	6.0
1980	250,636.1	8.4	2.8	8.2	2.7	196,750.2	8.0	129,497.8	8.5	2,079	5.7
1981	268,830.7	7.3	4.2	7.1	4.2	209,047.2	6.3	140,219.9	8.3	2,219	-1.6
1982	282,582.0	5.1	3.3	5.3	3.3	219,327.2	4.9	148,172.1	5.7	2,314	6.7

ココに注目する（【図版3】）

1991	482,845.4	6.4	3.4
1992	495,055.8	2.5	0.8
1993	495,291.0	0.0	−0.5
1994	501,537.7	1.3	1.0
1995	512,541.7	2.2	2.7
1996	525,806.9	2.6	3.1
1997	534,142.5	1.6	1.1
1998	527,876.9	−1.2	−1.1
1999	519,651.8	−1.6	−0.3
2000	526,706.0	1.4	2.8
2001	523,005.0	−0.7	0.4
2002	515,986.2	−1.3	0.1
2003	515,400.7	−0.1	1.5
2004	520,965.4	1.1	2.2
2005	524,132.8	0.6	1.7
2006	526,879.7	0.5	1.4
2007	531,688.2	0.9	1.7
2008	520,715.7	−2.1	−1.1
2009	489,501.0	−6.0	−5.4
2010	500,353.9	2.2	4.2

2011	491,408.5	−1.8	−0.1
2012	494,957.2	0.7	1.5
2013	503,175.6	1.7	2.0
2014	513,876.0	2.1	0.4
2015	531,985.8	3.5	1.4
2016	538,521.0	1.2	1.0
2017	546,561.2	1.5	1.7

【図版3】 国民経済計算（一部）

	国内総生産（GDP）		
	名目		実質
	総額	前年比	前年比
暦年	10億円	%	%
1955	8,734.0	－	－
1956	9,832.6	12.6	7.5
1957	11,331.2	15.2	7.8
1958	12,040.8	6.3	6.2
1959	13,764.8	14.3	9.4
1960	16,707.0	21.4	13.1
1961	20,178.6	20.8	11.9
1962	22,898.4	13.5	8.6
1963	26,206.9	14.4	8.8
1964	30,827.9	17.6	11.2
1965	34,297.4	11.3	5.7
1966	39,832.4	16.1	10.2
1967	46,678.6	17.2	11.1
1968	55,282.1	18.4	11.9
1969	64,939.1	17.5	12.0
1970	76,539.2	17.9	10.3
1971	84,216.0	10.0	4.4
1972	96,418.4	14.5	8.4
1973	117,397.6	21.8	8.0
1974	140,090.4	19.3	-1.2
1975	154,787.1	10.5	3.1
1976	173,827.9	12.3	4.0
1977	193,706.3	11.4	4.4
1978	213,306.4	10.1	5.3
1979	231,195.5	8.4	5.5
1980	250,636.1	8.4	2.8
1981	268,830.7	7.3	4.2
1982	282,582.0	5.1	3.3
1983	295,303.9	4.5	3.5
1984	313,145.3	6.0	4.5
1985	333,686.0	6.6	5.2
1986	350,344.8	5.0	3.3
1987	366,339.1	4.6	4.7
1988	393,641.4	7.5	6.8
1989	421,469.4	7.1	4.9
1990	453,608.5	7.6	4.9

1989	6,128	4,679	76.4	142	2.3
1990	6,249	4,835	77.4	134	2.1
1991	6,369	5,002	78.5	136	2.1
1992	6,436	5,119	79.5	142	2.2
1993	6,450	5,202	80.7	166	2.5
1994	6,453	5,236	81.1	192	2.9
1995	6,457	5,263	81.5	210	3.2
1996	6,486	5,322	82.1	225	3.4
1997	6,557	5,391	82.2	230	3.4
1998	6,514	5,368	82.4	279	4.1
1999	6,462	5,331	82.5	317	4.7
2000	6,446	5,356	83.1	320	4.7
2001	6,412	5,369	83.7	340	5.0
2002	6,330	5,331	84.2	359	5.4
2003	6,316	5,335	84.5	350	5.3
2004	6,329	5,355	84.6	313	4.7
2005	6,356	5,393	84.8	294	4.4
2006	6,389	5,478	85.7	275	4.1
2007	6,427	5,537	86.2	257	3.9
2008	6,409	5,546	86.5	265	4.0
2009	6,314	5,489	86.9	336	5.1
2010	6,298	5,500	87.3	334	5.1
2011	6,293	5,512	87.6	302	4.6
2012	6,280	5,513	87.8	285	4.3
2013	6,326	5,567	88.0	265	4.0
2014	6,371	5,613	88.1	236	3.6
2015	6,401	5,663	88.5	222	3.4
2016	6,465	5,750	88.9	208	3.1
2017	6,530	5,819	89.1	190	2.8
2017年1-3月	6,500	5,787	89.0	192	2.9
2017年4-6月	6,524	5,808	89.0	193	2.9
2017年7-9月	6,547	5,839	89.2	188	2.8
2017年10-12月	6,551	5,841	89.2	184	2.7
2018年1-3月	6,645	5,905	88.9	167	2.5

【図版4】完全失業率

	雇用				
	就業者数	雇用者数	雇用者比率	完全失業者数	完全失業率
暦年	万人	万人	%	万人	%
1957	4,281	2,053	48.0	82	1.9
1958	4,298	2,139	49.8	90	2.1
1959	4,335	2,250	51.9	98	2.2
1960	4,436	2,370	53.4	75	1.7
1961	4,498	2,478	55.1	66	1.4
1962	4,556	2,593	56.9	59	1.3
1963	4,595	2,672	58.2	59	1.3
1964	4,655	2,763	59.4	54	1.1
1965	4,730	2,876	60.8	57	1.2
1966	4,827	2,994	62.0	65	1.3
1967	4,920	3,071	62.4	63	1.3
1968	5,002	3,148	62.9	59	1.2
1969	5,040	3,199	63.5	57	1.1
1970	5,094	3,306	64.9	59	1.1
1971	5,121	3,412	66.6	64	1.2
1972	5,126	3,465	67.6	73	1.4
1973	5,259	3,615	68.7	68	1.3
1974	5,237	3,637	69.4	73	1.4
1975	5,223	3,646	69.8	100	1.9
1976	5,271	3,712	70.4	108	2.0
1977	5,342	3,769	70.6	110	2.0
1978	5,408	3,799	70.2	124	2.2
1979	5,479	3,876	70.7	117	2.1
1980	5,536	3,971	71.7	114	2.0
1981	5,581	4,037	72.3	126	2.2
1982	5,638	4,098	72.7	136	2.4
1983	5,733	4,208	73.4	156	2.6
1984	5,766	4,265	74.0	161	2.7
1985	5,807	4,313	74.3	156	2.6
1986	5,853	4,379	74.8	167	2.8
1987	5,911	4,428	74.9	173	2.8
1988	6,011	4,538	75.5	155	2.5

引き算して「完全失業率の前年との差」を出していく（【図版5】）

これがオークンの法則のタテ軸「完全失業率の前年との差」となる。

さて、このデータをすべて使ってもいいが、**日本経済を考えるときに、1990年で大きく異なっている。その前がいわゆる高度経済成長だが、それ以降は停滞だ。**

そこで1990年以降について、先の経済成長率と、今の失業率の前年との差を並べてリストにすると、【図版5】のようになる。

さらに、経済成長率をヨコ軸、完全失業率の前年との差をタテ軸として「散布図」にしたものが【図版6】（p36）だ。散布図とは、タテ軸とヨコ軸の数値が交差する位置に打点した平面図のことだ。

たとえば、散布図（【図版6】）上の点aは、1990年の経済成長率「4・9」と完全失業率の前年との差「マイナス0・2」が交差する位置に打点してあるという具合だ。

統計学の真っ当な分析から得られた「オークンの法則」

このグラフ（【図版6】）から導かれるのが、オークンの法則だ。最初にいったように、「**経済成長率が高ければ、失業率は低くなる**」という法則が見て取れるのである。

【図版5】　経済成長率と完全失業率の前年との差を並べたリスト

	経済成長率（実質国内総生産）	完全失業率の前年との差
1990	4.9	−0.2
1991	3.4	0.0
1992	0.8	0.1
1993	−0.5	0.3
1994	1.0	0.4
1995	2.7	0.3
1996	3.1	0.2
1997	1.1	0.0
1998	−1.1	0.7
1999	−0.3	0.6
2000	2.8	0.0
2001	0.4	0.3
2002	0.1	0.4
2003	1.5	−0.1
2004	2.2	−0.6
2005	1.7	−0.3
2006	1.4	−0.3
2007	1.7	−0.2
2008	−1.1	0.1
2009	−5.4	1.1
2010	4.2	0.0
2011	−0.1	−0.5
2012	1.5	−0.3
2013	2.0	−0.3
2014	0.4	−0.4
2015	1.4	−0.2
2016	1.0	−0.3
2017	1.7	−0.3

【図版6】経済成長率と完全失業率の前年との差の散布図

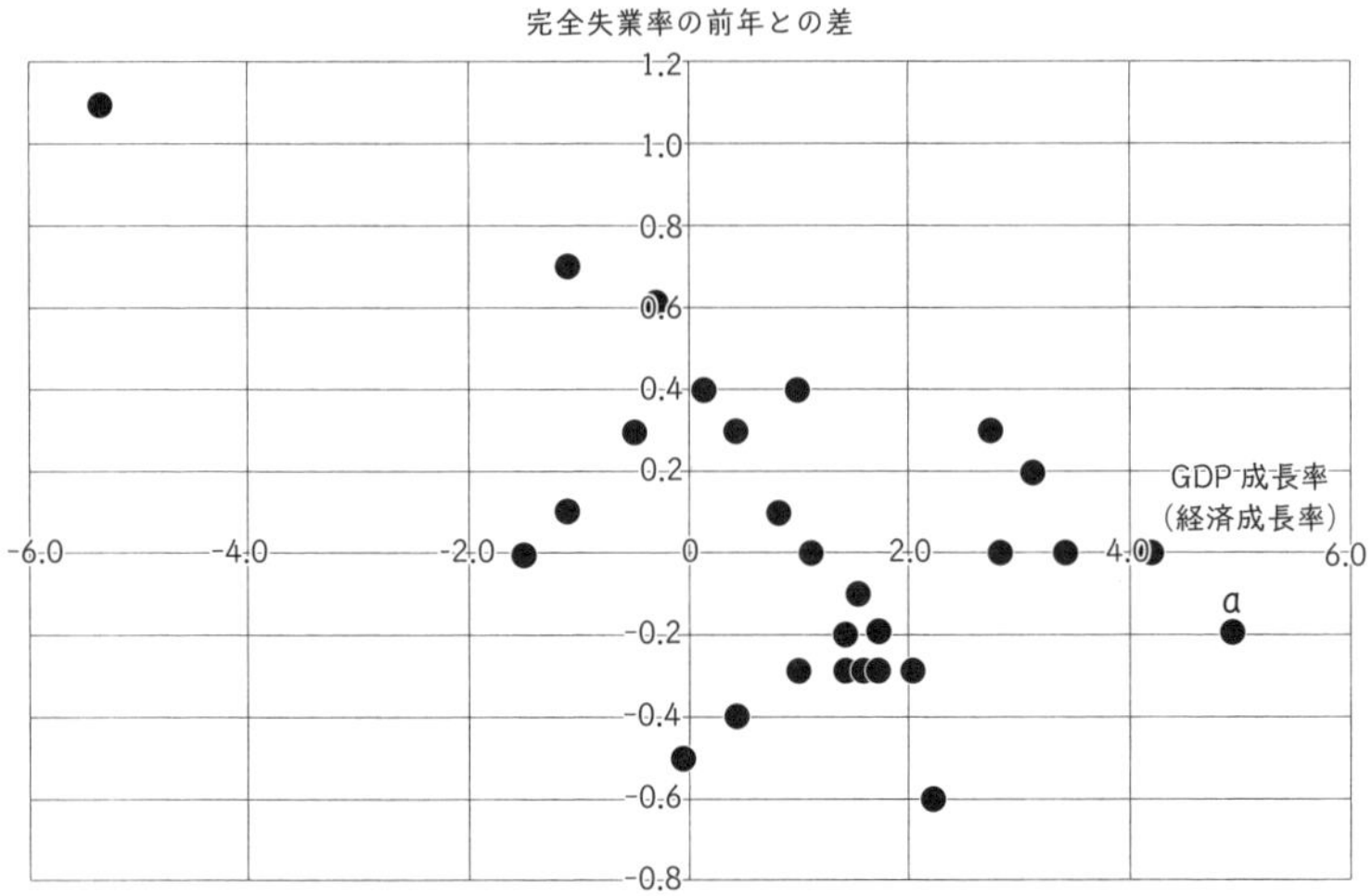

散布図が示すものを理解するには、少し統計学の知識が必要だ。

見てのとおり、散布図の点たちはバラバラに散らばっている。

これらの点をまとめて丸で囲ったときに、幅の狭い楕円形になるほどに、タテ軸とヨコ軸の2つの要素には強い相関がある。

そして、その楕円形の傾きが右上がりの場合は、正の相関、つまりタテ軸の要素はヨコ軸の要素に比例する（ヨコ軸の数字が大きくなるとタテ軸の数字も大きくなる）。

逆に、その楕円形が右下がりの場合は、負の相関、つまりタテ軸の要素はヨコ軸の要素に反比例する（ヨコ軸の数字が大きくなるとタテ軸の数字は小さくなる）

【図版7】実データにあらわれたオークンの法則

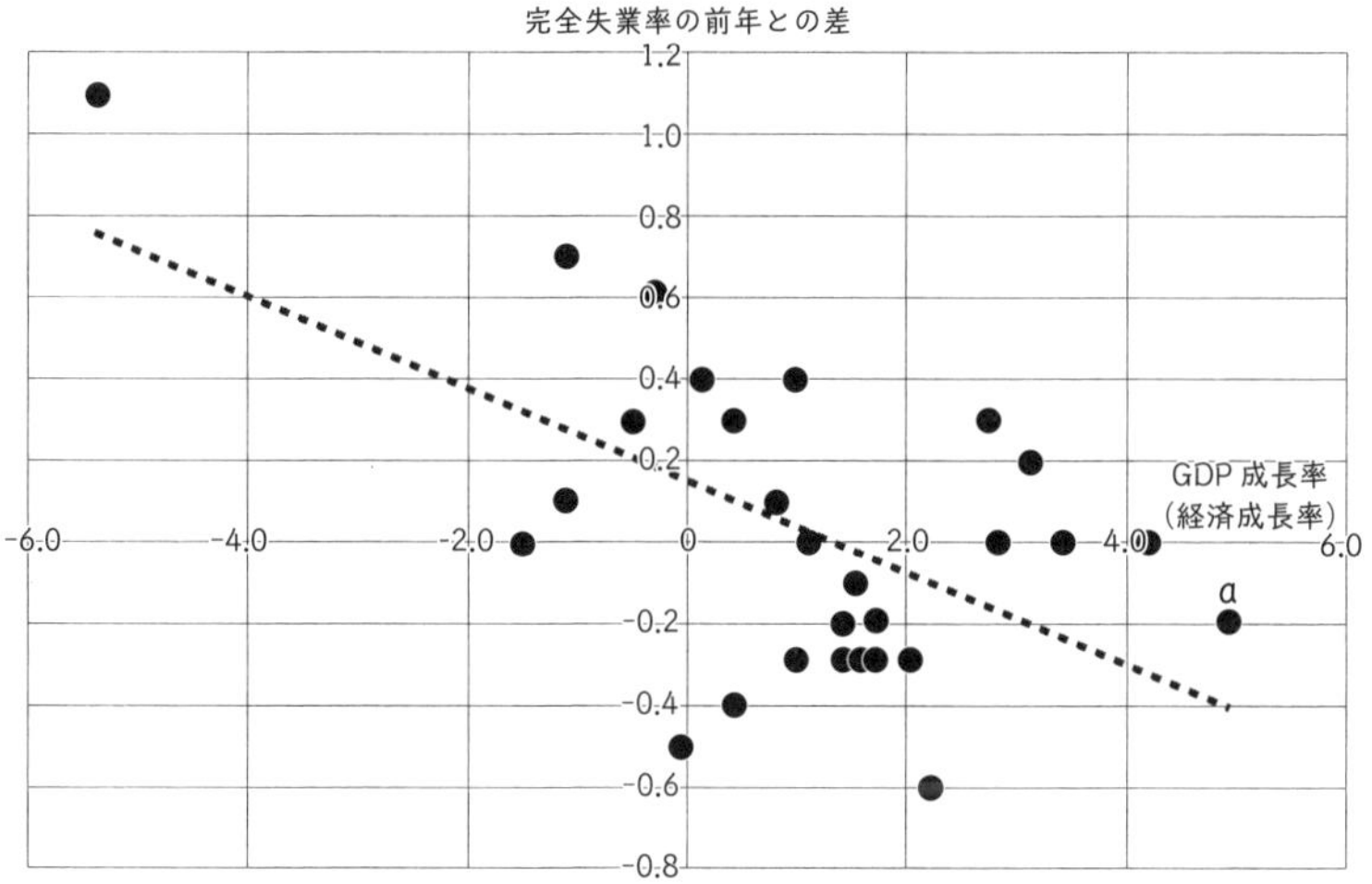

ということだ。

ちなみに、何も相関がない場合は、楕円ではなく真ん丸になる。

もちろん、今の説明は、ごく単純明快に述べるとそうなる、という話に過ぎない。

現実社会はそれほど単純ではないから、【図版6】の散布図の点をまとめて丸で囲んでも、きれいな楕円形など現れない。だがそこには、確実に1つの傾向があるのだ。

その傾向を出すには回帰分析という作業を行う必要があるのだが、じつはエクセルのグラフ機能を使えば一瞬でできる。

その加工を【図版6】に加えたものが【図版7】だ。

先ほどの「楕円形の向き」の説明を思い出してほしい。エクセルのグラフ機能によって【図版7】に引かれた線は「右下がり」だから、経済成長率と完全失業率の前年との差の散布図は、負の相関を示しているということだ。

つまり、**経済成長率が高くなれば、失業率は下がる。**

経済成長率と完全失業率の前年との差の散布図と、そこに引かれた回帰直線は、もちろん、点の位置や線の傾き具合こそ国によって異なるが、「右下がりの線になる」という点は、たいていの国に当てはまる。

ここまで読んできて、「経済成長率が上がれば失業率が下がるというのは、何となく感覚的に想像がつく」と思った読者もいるかもしれない。

では、どうしてオークンの法則では、単純に「経済成長率と失業率」を並べないのだろうか。失業率の前年との「差」を出してから相関を分析するという、そこそこ面倒なひと手間を加えているのは、なぜなのだろう。

まず前提として、**法則とは「たいていのケースに当てはまる」というもの**だ。

たしかに、単純に経済成長率と失業率の相関を分析するだけで、はっきりと負の相関が示されるケースもある。

ただ、これだと当てはまらないケースも多々ある。それでは「法則」とは呼べない。「差」に着目するというのは、いわば「より純粋化された数値」で現象をとらえるための統計学の一手法である。だからアーサー・オークンは、「経済成長率」と「失業率の前年との差」を並べて、相関を分析してみたのだろう。

少し、数学を勉強した人なら、成長すると失業率が下がるということを表すためには、いろいろな数学表現があることがわかるだろう。それを数学モデルというが、その中で、いろいろな国で妥当するものの1つが、その年の経済成長率と失業率の前年との差の関係として、オークンの法則の数学表現として生き残ってきたともいえる。

我々は、**こうした学問上の「勝負」の結果を「理論」といっている**のだ。

これでは「結論ありき」ではないか、と思ったかもしれないが、ちょっと違う。

現実社会を対象とする統計学では、動かしようのない事実として起こっている現象があり、それをどう分析したり法則化したりしたらいいかを考える学問だ。

現実社会で起こっていることを、どう法則化し、どんな数学モデルを作れば、うまく説明できるか。こういう観点からデータを分析することで、見出した法則を現在の考察や未来予測に役立てる。

そういう価値があるのが、統計学という学問なのである。

「くたばれGDP」は「上がれ失業率」と同じこと

オークンの法則は統計学の手法を用いた、いわゆる経験則だ。

各国の統計データを集め、それぞれの経済成長率と失業率（の前年との差）の相関を求めたところ、多くの国で両者に負の相関が認められたということである。

そのため、一部には、きちんとした理論として確立されていないという批判もあるが、いずれにせよデータが示す真実は変わらない。**統計学の正当な分析を経て得られた法則は、現実社会をとらえるフレームワークとして立派に成り立つ。**

オークンが発見したように、**一国の経済成長率と失業率には負の相関がある。**つまり、国が成長すればするほど、その国の失業者は減るといっていい。裏を返せば、**仕事がなくて食えない人を減らすためには、国を挙げて継続的な経済成長を目指すこと、これに尽きる**というわけだ。

経済成長すると国が豊かになって、国民の所得も上がるというメリットもあるが、これは、いわば副産物に過ぎない。では**経済成長の主産物は何かといえば、失業者が極限まで減ること**なのだ。

国民全員が贅沢な暮らしができるようになるというのは、なかなか難しい。たくさん稼げるかどうかは個人の才覚や時の運にもかかっている。だが、**ほとんどの国民が最低限、食うには困らないという社会は、継続的な経済成長を目指すことで作っていける**のである。

ボウリングにたとえれば、経済成長は1投目でセンターピンを倒すのに相当する。センターピンに当たった場合、うまくいけばストライクになる。そうでなくても7、8本を倒して2投目でスペアを取りやすい。逆に1投目でセンターピンを外すとストライクにならないばかりか、スペアをとる確率も低くなる。

もちろん、経済成長は、すべての問題を解決できる万能策というわけではない。それでも経済成長しないケースと比べれば、ある程度の問題は解決できる。**経済成長は、国民すべての所得を増やす**ことになる。つまり**パイが大きくなるため、弱者を助ける分配問題でも解決が容易になる**のだ。

そう考えてみると、「経済成長よりずっと大切なことがある」「低成長でもいいじゃないか」といった主張が、いかに愚論であるかもわかるだろう。

そういえば1970年代のオイルショックの直前、日本経済が急発展を続けていたころには、朝日新聞は「くたばれＧＮＰ」という連載を行っていた。それから時を経て、２０１７年１月には、「ゼロ成長はそれほど『悪』なのか」との特集記事が組まれた。

そこでは「今のような経済成長の歴史が始まったのは２００年前に過ぎない」「成長の鈍化はむしろ経済活動の『正常化』を意味しているのかもしれない」といった論評が展開されていた。いわゆる左派というのは、とかく成長を忌み嫌うものらしい。

ただ、このように**経済成長を否定するというのは、失業率の上昇を肯定するのと同じ**だ。

要するに、**「経済成長よりずっと大切なことがある」「低成長でもいいじゃないか」「くたばれGNP（GDP）」「ゼロ成長は『悪』なのか」は、「失業率上がれ」といっているも同然**なのである。

「労働者の味方」を自任する左派が、あろうことか労働者を窮地に追い込むような言説を唱えている。オークンの法則がわかっている身としては、まったくのお笑い草であり、正直、話にならない。

（尚、以前は日本の景気を測る指標として、主としてＧＮＰが用いられていたが、現在は国内の景気をより正確に反映する指標としてＧＤＰが重視されている。また、現在はＧＮＰの概念はなくなり、同様の概念として〝ＧＮＩ〈Gross National Income〉＝国民総所得〟が新たに導入されている。詳しくは内閣府のサイトを参照されたい。）

実際、報道番組や討論番組で「経済成長なんてしなくていい」という人に、「じゃあ、あなたは失業率が上がったほうがいいと考えているんですね」などと返すと、たいてい相手はポカンとしてしまう。

そもそも経済成長は、豊かさに必要なものだ。

成長を忌み嫌う人たちは、「豊かさなんていらない」というのだろうが、**オークンの法則から豊かさの減少は失業者の増加を意味する。**

国民に対する国の責任として、経済政策で最優先される目標は、食えない人を最小限にまで減らすこと、つまり「失業率を極限まで低くすること」である。そのための処方箋としては、経済成長をして、より豊かになるのがもっとも容易なのだ。逆にいえば、経済成長せずに失業率を減らすのは至難の業だ。

こういう**経済理論がわかっていない「成長不要論者」とは、まともな議論すら成り立たないのである。**

一方、資本主義社会を否定し、経済成長を嫌う論調には、環境破壊や公害とセットにして語る人たちもいる。

たしかに環境問題は人類が取り組むべき1つの共通課題とはいえるが、そのために成長を諦めよというのは、やはり暴論だ。成長がなくなれば仕事がなくなり、国そのものが立ち行かなくなってしまう。そうなれば、本当に環境問題どころではない。

実際、先の「くたばれGNP」論調も、急激な経済成長によって公害が社会問題化する中で盛り上がったものの、オイルショックが起こるとあっという間に吹き飛んでしまった。

これは、**ひとたび経済危機が起これば、その他の問題にも取り組めなくなる**ということを物語っている。逆にいえば、成長を前提としながら環境問題の解決を考えたほうがいい。

2020年1月、ダボス会議で環境活動家のグレタ・トゥーンベリさんは、環境と経済成長の両立を狙う先進国の環境政策を批判し、環境政策をすぐに行うべきと言った。

しかし、その主張は経済成長を軽視しており、アメリカ財務長官が「大学で経済学を勉強してからいうべき」と反論したのが正しい。

経済成長と人類共通の課題は、まったく相反するものではない。

経済力とは、国の基礎体力のようなものだ。「衣食足りて礼節を知る」ともいう。むしろ**安定して経済成長し続けてこそ、国家としてより成熟し、それこそ環境問題のような人類共通の課題にも着実に取り組んでいける**のである。

なぜ中国の経済統計は信用できないか

労働者の味方を標榜しながら経済成長を否定するようなことをいう、そんな日本の左派論者と引き換えに、**オークンの法則をきちんと理解したうえで、戦略に取り入れているように見受けられるのは中国だ。**

戦略に取り入れているというのは、後で述べるが、じつは皮肉である。

すでに説明したように、オークンの法則とは、一国の経済成長率と失業率には負の相関がある、という法則だ。つまり、成長率が高くなれば失業率は下がるし、成長率が下がれば失業率は上がる。

では、なぜ、この法則を理解し、中国が戦略に取り入れていると考えられるのか。

理由は共産党一党独裁という中国の体制にある。

資本主義社会では、個々の企業がモノやサービスを社会に提供し、報酬を得る。モノやサービスの価値は市場で決定される。より多くの需要があるモノやサービスを提供する企業は、より多くの報酬を得る。

もちろん、企業を構成するのは一人ひとりの従業員だ。資本主義社会では、個々人が能力を発揮し、能力に応じた報酬を得ている。

だから、能力がどれほど求められているかによって、個々人が得る報酬には差が生じる。市場原理によって報酬をたくさん得る人もいれば、少ししか得られない人もいるし、その中で、仕事自体にあぶれてしまう人もいる。

成長率とは、いってみれば、こうした個々人の経済活動の総和だ。そしてオークンの法則が示しているとおり、成長率が高くなれば、それだけ仕事にあぶれてしまう人は少なくなる。

一方、共産主義では、建前上、失業者は「ゼロ」でなくてはいけない。

市場原理によってではなく、国が国民に「平等に」仕事を与えることによって、国民がみな「平等に」生活を営めるようにするというのが、共産主義の1つの信条だからだ。

そこで経済成長率を真面目に出してしまうと、失業率のバラつきが露呈してしまう。逆に失業率を出してしまうと、本当の経済成長率が推計されてしまう。

資本主義社会では、失業率の変動も折込み済みだから問題ない。

しかし**「失業者ゼロ」のはずの共産主義を謳っている中国としては、経済成長率から推計される失業率が、増えたり減ったりするというのは非常にマズい**のだ。

つまり、**中国にとって失業率統計は、体制維持のためにも、経済成長率のサバを読むためにも、覆い隠しておきたい「不都合な真実」**なのである。要するに、失業率統計を発表しないということは、中国はオークンの法則をしっかり理解しているという証拠だ。

だから、**中国が発表しているGDP統計は、まったく信用ならない。**

共産党一党独裁の中国は、社会主義国の旧ソ連と、ほぼ同じ統計部署組織を導入している。「本家」ともいえる旧ソ連では、1991年の崩壊で、それまで70年近くも経済統計をごまかしてきたことが判明した。

旧ソ連のデタラメなGDP統計が、半世紀以上にわたって続いたのは、社会主義という性格上、失業率統計をまともに出していなかったからだと私は睨んでいる。

それと同じことが、中国では今なお続いているというわけだ。

直近の話を挙げると、中国は2019年7~9月期の実質経済成長率を前年同期比6・0%増と発表した。今回も含めて、中国の経済成長率は、これまでほとんど0・1~0・2%刻みで変動している。

これは明らかにおかしい。

世界との輸出入取引が大きい中国経済が、世界経済の大きな変動と無関係であるはずがないからだ。この点からも、中国では、常習的に統計改竄が行われていると見ていい。

経済成長率の「変動係数」を各国で比較してみても、中国の変動幅が異常に小さいことがわかる。

変動係数とは、データの「ばらつき具合」を表す数値（これを統計学では「標準偏差」と呼ぶ）をデータの平均値で割って比較可能にしたものである。

２０００年以降のＧＤＰ成長率について、統計が取れる１８０カ国の変動係数を見ると、中国は０・21であり、７番目に小さい。

この前後にはベトナムやラオスなどの独裁社会主義国が多い。日本は２・00で１５６位だ。

その他、先進国の経済成長率の変動係数は平均１・26となり、中国の成長率が、「異常に変動していない」ことがわかる。

こんな具合に成長率が「ほぼ一定」では、失業率の推計も成り立たない。

経済成長率と失業率に相関があるオークンの法則に従えば、経済成長率と失業率を独立に観察することで相互牽制が働いて、それぞれの統計値をチェックできるため、統計の信頼度が増す。

しかし、かつてのソ連や今の中国には、正確な失業率統計がほぼないため、経済統計を客観的に検証できない。それを隠れみのに不正を招くこともあり、ますます信頼できなくなってしまうのだ。

輸入統計から推計すると、中国の実際の経済成長率は0～3％程度だろう。

小数点以下の細かい話ならば、経済統計としては問題ないレベルだが、中国は、ほぼ間違いなく数パーセントも数字を操作している。

中国の経済統計は、もはや統計の用を成していない。

成長は「社会みんな」のもの

経済成長といっても、自分の生活には何の関係もないと感じている読者もいるかもしれない。

成長不要論者の頭にも、おそらく「経済成長＝一部のお金持ちだけが富を独占すること」というイメージが少なからずあるのだろう。

極端なことをいえば、もし、たった一人の人間がGDPのすべてを稼いでいたら（つまりすべての仕事を、その人一人がこなしていたら）、成長率は上がっても失業者がたくさんいる、という状況になるだろう。

その場合は、たしかに、たった一人の人間がすべての仕事をこなすことで富を独占しており、「成長率が上がると失業率が下がる」というオークンの法則は成立しないことになる。

だが、まず実際には起こらない。

なぜなら、**経済活動は社会活動であり、いくら有能な人でも、たった一人で経済活動を行うことはできない**からだ。

仮に特別な頭脳の持ち主が、画期的なアイデアを思いついたとして、すべてを一人で実現することはできない。必ず、そのアイデアを実現するために動員される人がいるものだし、そのアイデアの価値は社会に供給され、需要者が払う対価は、アイデアの発案者のみならず、その実現のために働いた人全員に分配される。

たった一人というのは極端な例だったが、**「経済成長＝一部のお金持ちだけが富を独占する」というのは、まったくロジカルではなく、イメージに過ぎない。**

あるいは「投資家は人を使わず、自分でも働かずに、一人で儲けているじゃないか」と食い下がりたくなった読者もいるかもしれないが、これも、社会のごく一部しか見ていない考え方だ。

たしかに投資家は、自分の資金を投じてリターンを得ている。

しかし、その資金を投じた先には、何があるのかと考えてみてほしい。

そこには、資金を得て実現される事業がある。事業を動かしているのは、紛れもなく、そこで働いている人たちだ。

こうしてビジネスが生まれ、経済が回り、成長が成し遂げられていくというのが、社会全体で起こっている。もちろん読者だって、その一部である。

経済が成長するということは、それだけ仕事が増えているということ、すなわち、仕事を得る人が増えて失業者は減っていることを意味する。

つまるところ、**経済成長は一部の限られたお金持ちだけではなく「社会みんなのもの」「社会みんなの経済活動の総和」**なのだ。

失業者が減り、国民すべての所得が上がった結果が経済成長であり、また逆に、経済成長を目指すことが、失業者を減らし、国民すべての所得を上げることにつながる。

やはり、オークンの法則は、非常に重要な社会法則の1つなのである。

経済学者がオークンの法則を知らない「日本独特の事情」

オークンの法則は、もっとも基本的で重要な経済理論であるにもかかわらず、日本の経済学者の間では常識になっているとはいえない。

現に、日本の経済学の教科書には、オークンの法則を扱っていないものがある。

その影響か、日本の経済学者の中にも成長不要論者は少なくない。

成長率と失業率の負の相関性を理解していないから、経済学者といえども安易に成長不要論を唱えてしまうのだろう。

彼らの単なる不勉強と見ることもできるが、それ以外にも、じつは日本独特の事情がある。ひとことでいえば、**日本の経済学者は、長らく「成長率と失業率の関係になど着目しなくてもよかった」**のである。

というのも、**戦後の日本では、失業率がずっと低かった**からだ。

日本にはこうした事情があったので、前にオークンの法則の図を書いたときに、1990年以降にしたわけだ。

高度経済成長のおかげで、日本ではずっと、失業率は切実な問題ではなかった。経済学者にとっても、失業率は取り組むべき課題ではなかった。

どれほど基本的で重要な理論でも、その理論を必要とする問題意識がなければ目は向かない。だから、失業率に問題意識がなかった日本の経済学者は、オークンの法則を知らずにきた。

それが今も続いていると考えられるのである。

だが、高度経済成長の時代はとっくに過ぎ去り、バブル崩壊とともに日本経済は大不況に陥った。成長率が下がり、失業率は高くなった。

そしてアベノミクスによって、ようやく、その淵から立ち直ろうかという途上にある（結局、景気回復の勢いは消費増税によって削がれることになってしまったのだが、それについては後述する）。

日本の経済学者の間でオークンの法則が常識でなかったのは、それだけ長く日本経済が好調だったからだが、今では、もうそんなことはいっていられない。

政府が何とかできるのは失業者だけ

「経済成長の恩恵を受けるのは一部のお金持ちだけだ」という妙な刷り込みがある経済成長を否定する人たちは、成長を目指すための経済政策にも、当然というべきか、やたらと目くじらを立てる。

さて、経済政策の影響が、まずわかりやすく現れるのは株価だ。

アベノミクスが発動されたころにも、日経平均は続々上がった。かつては1万6000円台だったものが、約2年後の2015年には2万円の水準にまで上がったのだから、経済政策としては合格といっていい。

ところが世間では、「アベノミクスによって株価が上がってけしからん」という論調が流れた。一般人ばかりか、野田前首相をはじめ政治家にも、そのように糾弾する人は少なくなかった。単なる揚げ足取りのためだったにしても、お粗末すぎる。

何事にも順序がある。

株価が上がると、まず直接的に利益を得るのは投資家だが、結果的に労働者の賃金も上がり、国民全体がより潤う。

もう少し具体的にいえば、経済政策によって成長が促されると、

①株価が上がり
②名目賃金（賃金として受け取った貨幣額）が上がり
③物価が上がり
④最後に実質賃金（名目賃金を消費者物価指数で割った額）が上がる

のだ。

もちろん、ここまでできれば、経済政策として満点である。実際には、できても①や②で終わることも少なくない。

今もいったように、名目賃金と実質賃金の上昇の間には、物価の上昇がある。

このとき、実質賃金は一時的に下がる。単純にいえば、実際に給料として受け取る額が増えても、物価が上がっていると、消費で出ていく額も増えるからだ。

だが、その時期を抜けると、物価上昇の影響が企業で働く人たちにも波及し、実質賃金が上が

る。つまり、実感として「潤った」と感じる人が多くなる。

もちろんケースバイケースではあるが、ざっくりとこうした順序があり、実質賃金が上がるには、株価上昇から首尾よくいっても数年以上かかるといったところだろうか。

これに加えて、成長率が上がって失業率が下がれば、自然と人手不足となる。そうなれば、労働市場は売り手市場となるため、企業は、より多くの賃金を確約して人材を確保しようとする。

こうした順序が見えていないから、「経済成長＝株価上昇＝投資家だけが儲かってずるい＝成長いらない」という短絡的な発想になってしまうのだろう。

昨今よく聞く「最低賃金アップ」を求める論調も、こういうところから出ていると思われる。現行の経済政策は、投資家や大企業経営者だけに利益をもたらす「金持ち優遇策」だから、政府主導で労働者待遇を上げろ、というわけだ。

結論からいえば、労働者がどれくらいの賃金を受け取るのかは、あくまでも個々の企業の裁量であって、経済政策の直接的な領分ではない。

政府にできることは、成長を促し、失業者を減らすところまでだ。

よく「『生活は苦しい』と答える人が過半数を占めた。経済政策の成果は庶民に実感なし」といった報道が見られるが、こうした調査も、じつはアテにならない。

給料が2倍、いや、3倍や5倍、10倍にでもならない限り、「ゆとりがある」などと答える人はいないだろうからだ。現に、「生活は苦しい」と答える人の割合は、今も昔もあまり変動していない。経済の状況がどうあれ、「苦しい」と感じる人は一定数いるということだ。

それに、どれくらいの生活レベルを求めているのかも、人それぞれだ。

極端にいえば、「月に数回は高級店で食事をし、年に1回は海外旅行に行きたい」という理想を描いている人が、それができないから「生活は苦しい」と答えている可能性もある。

もちろん、今日食うだけで精一杯という人もいるだろうが、だからといって、政府主導で労働者待遇を上げろ、最低賃金を上げるように企業に指導せよ、というのはお門違いなのだ。

本当に苦しいのは、仕事がない人たちだ。

経済政策によって国がフォローすべき人たち、フォローできる人たちとは、「今日食うだけで精一杯な有職者」より、はるかに大変な「今日食えるかどうかすらも、わからない失業者」なのである。

アベノミクスでは、民主党政権時代には一時期5%もあった失業率が、みるみるうちに2%台程度に下がった。

これを合格レベルとすると、「肝心の賃金が上がっていないのだから、その見方は甘い」という人が多くいたが、先にも書いたように、**国としての最優先事項は職にあぶれる人を極力減らすことだ。それを達成したのだから、満点ではないが及第点といっていい**のである。

ちなみに後でも述べるように（p72参照）、失業率は2％半ばくらいが最低限である。

経済成長を促すべく経済政策を行うことで、失業者を減らす。国にできるのはここまでだ。賃金上昇は、その後からついてくるものと考えておいたほうがいい。

「いい経営者像」は世相で変わる

経済成長によって失業者が減れば、労働市場は売り手市場となって、自然と賃金は上がる。

そう説明したが、ここに、外国から安い労働力が入ってくるとなると、当然、賃金上昇の勢いは鈍くなる。

ようやく実質賃金が上昇し始めるという私の見立ても、政府が外国人労働者の積極受け入れを方針としたことで、少し外れてしまった。

アベノミクスが奏功して失業率が下がったことで、本来なら、放っておいても賃金は上昇するはずだった。賃金を上げないと人材が他企業に流れてしまう、だから企業は賃金を上げざるを得ないという流れになりかけていた。成長を促し、失業率を下げる経済政策には、そのように企業を仕向けるという作用もあるのだ。

ところが、そこで突然、外国人労働者の受け入れ策が打ち出された。これは経団連（日本経済団体連合会）など企業側の要請によるものだろう。

失業率という点で、国のロジックと企業のロジックは異なる。

国としては失業率を極限まで下げることが望ましいが、**企業側からすれば、一定の経済成長率は保ちながらも、失業率は「そこそこ高い」ほうが、都合がいい。**仕事を求める人が多ければ、安い賃金で雇うことができるからだ。

といっても、**この企業のロジックは短絡的であり、大局的に見れば、やはり失業率は低ければ低いほど望ましい。**

ビジネスが盛んに行われ、たくさん仕事が生まれて、働く人が多くなり、企業も労働者も潤ったほうがいいに決まっている。

企業としても、賃金は高いほうがイメージアップになるだろう。

成長率が下がり、景気が低迷している中では、賃金を削るなどコストカットの鬼のような経営者が「できる経営者」とされる。人件費は企業経費の多くを占めるから、不景気下では、いかに賃金をケチッて最低限の経費でビジネスを回し、利益を最大化するかが経営手腕の見せどころとなってしまうのだ。

一方、成長率が上がり、景気がよくなると、積極的にビジネスを回して利益を上げることはもちろん、従業員にも気前よく賃金を払って、経営者も株主も従業員もみな潤う経営者が、「いい経営者」となる。

世相によって、「いい経営者像」まで変わるというわけだ。

では不景気下の経営者像と、好景気下の経営者像とでは、どちらがいいか。

もちろん後者だろう。

気前よく賃金を払う経営者が「いい経営者」とされるような世の中のほうが、みなハッピーだ。

そういう意味でも、成長を忌み嫌う理由はないと私は思うのだが、どうだろうか。

失業率のもう1つの指標——「フィリップス曲線」

成長率と失業率の相関性を示すオークンの法則に加えて、もう1つ、まず知っておきたい重要理論がある。それが「フィリップス曲線」(【図版8】)だ。

前項で説明したとおり、「オークンの法則」は「成長率と失業率の相関性」を示す法則だ。

一方、**フィリップス曲線は「物価と失業率の相関性」を示す。つまり、フィリップス曲線は、失業率のもう1つの指標**といえる。

では、フィリップス曲線は、なぜ、まず知っておきたい経済理論なのか。ひとことでいえば、「経済がどのような順序で回っていくのか」が、より深く理解できるからである。

【図版8】フィリップス曲線

～物価が上がれば、失業率は下がる～

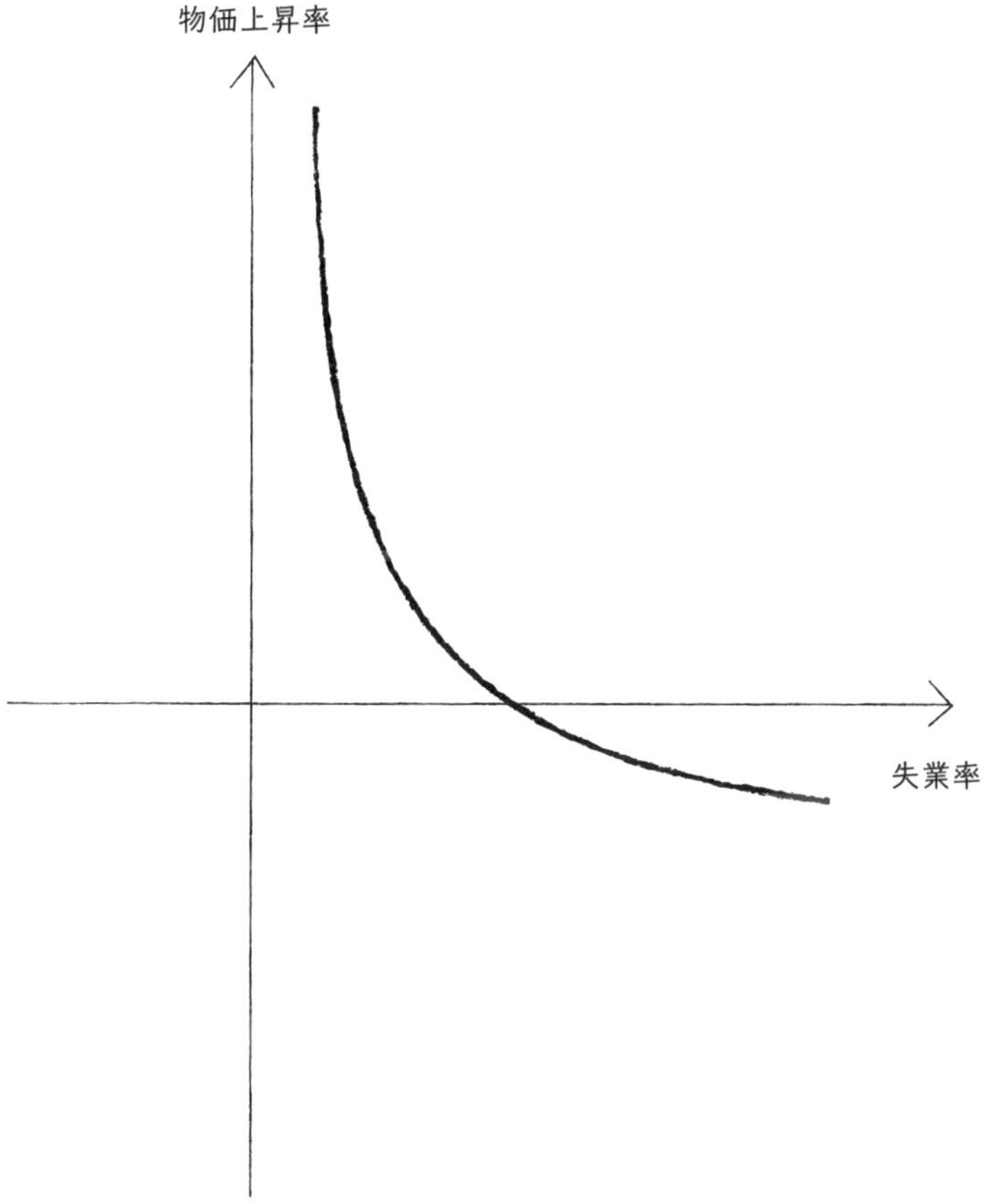

・経済学者、アルバン・ウィリアム・フィリップスが1958年に発表

物価が上がると失業率は下がる

オークンの法則がちゃんと理解できていれば、すでにピンときているかもしれない。

物価が上がれば、失業率は下がる。

この法則もオークンの法則と同じ、経験則だ。

物価上昇は、より経済活動が活発になった結果である。そして経済活動が活発というのは、つまりビジネスが盛んに回っているということであり、仕事がたくさん増えて人手不足になる。

だから**物価が上がっているときには、失業率が下がるのだ。この相関性をグラフで表現したものが、フィリップス曲線**である。

前ページ【図版8】のように、失業率と物価上昇率の関係は、ゆるやかな曲線を描く。

なお、フィリップス曲線は教科書的には【図版8】のように、「物価上昇率」をタテ軸、「失業率」をヨコ軸にとったものだが、座標軸が入れ替わっても示していることは同じだ。

失業者を極限まで減らすことを最重要課題とすれば、むしろ失業率をタテ軸にとったほうが、つかみやすいのではないかと私は考えている。そこで本書では、今後、あえて失業率をタテ軸に据えることにした。

そのほうが、オークンの法則と並べて見たときにもわかりやすいだろう。

オークンの法則とフィリップス曲線の2理論をもって、経済成長率が上がり、物価上昇率が上がると、失業率が下がるということが一目瞭然だ。

フィリップス曲線も経験則だから、もちろん、実際のデータと符合する。

次の【図版9】は、前節にも載せた内閣府公表の「長期経済統計」の中の「物価」のデータだ。このうち「消費者物価指数（前年比）」のデータ（失業率のデータ数と合わせるため、1957年以降）と、前出の「完全失業率」のデータを並べたものが【図版10】で、これらを散布図にしたものが【図版11】だ。

先ほど示した【図版8】のような曲線にならないのは、やはり現実社会がそれほど単純ではなく、たまに極端な現象が起こった際のデータも含まれるからだ。

たとえば、1974年の消費者物価指数（前年比）を見ると、23・2という極端な値になっており、散布図では右端に1つだけ離れ小島のように点が打たれている。

現実社会をとらえるには、「だいたいの傾向」をつかむことが重要なのだ。

1987	102.0	-3.1	85.9	0.1	99.2	5.4
1988	101.5	-0.5	86.5	0.7	109.1	10.0
1989	103.3	1.8	88.5	2.3	117.4	7.6
1990	104.9	1.5	91.2	3.1	133.9	14.1
1991	106.0	1.0	94.3	3.3	147.8	10.4
1992	105.0	-0.9	95.8	1.6	145.2	-1.8
1993	103.4	-1.5	97.1	1.3	137.2	-5.5
1994	101.7	-1.6	97.7	0.7	130.9	-4.6
1995	100.8	-0.9	97.6	-0.1	126.1	-3.7
1996	99.2	-1.6	97.7	0.1	120.5	-4.4
1997	99.8	0.6	99.5	1.8	115.6	-4.1
1998	98.3	-1.5	100.1	0.6	111.5	-3.5
1999	96.9	-1.4	99.8	-0.3	106.1	-4.8
2000	96.9	0	99.1	-0.7	100.0	-5.8
2001	94.7	-2.3	98.4	-0.7	93.7	-6.3
2002	92.8	-2.0	97.5	-0.9	87.4	-6.7
2003	91.9	-1.0	97.2	-0.3	81.2	-7.1
2004	93.1	1.3	97.2	0	74.4	-8.4
2005	94.6	1.6	96.9	-0.3	69.1	-7.1
2006	96.7	2.2	97.2	0.3	65.7	-4.8
2007	98.4	1.8	97.2	0	64.4	-2.1
2008	102.9	4.6	98.6	1.4	63.9	-0.8
2009	97.5	-5.2	97.2	-1.4	61.4	-3.9
2010	97.4	-0.1	96.5	-0.7	58.5	-4.6
2011	98.8	1.4	96.3	-0.3	55.1	-4.1
2012	98.0	-0.8	96.2	0	53.2	-3.4
2013	99.2	1.2	96.6	0.4	51.8	-2.7
2014	102.4	3.2	99.2	2.7	50.9	-1.6
2015	100.0	-2.3	100.0	0.8	50.5	-0.9
2016	96.5	-3.5	99.9	-0.1	50.2	-0.5
2017	98.7	2.3	100.4	0.5	50.1	-0.1
2017年 4-6月	98.4	2.1	100.3	0.4	-	-
7-9月	98.8	2.8	100.3	0.6	-	-
10-12月	99.7	3.3	100.9	0.6	-	-
2018年 1-3月	100.3	2.5	101.2	1.3	-	-

【図版9】物価

	物価等					
	国内企業物価指数		消費者物価指数		市街地価格指数	
暦年	2015年=100	前年比	2015年=100	前年比	2000年=100	前年比
1955	-	-	16.9	-1.1	2.2	-
1956	-	-	17.0	0.3	2.5	14.0
1957	-	-	17.5	3.1	3.2	28.1
1958	-	-	17.4	-0.4	3.9	21.9
1959	-	-	17.6	1.0	4.8	23.6
1960	48.1	-	18.3	3.6	6.1	27.3
1961	48.7	1.2	19.3	5.3	8.7	42.5
1962	47.8	-1.8	20.6	6.8	11.1	27.1
1963	48.6	1.7	22.1	7.6	13.0	17.2
1964	48.6	0	23.0	3.9	14.8	14.0
1965	49.2	1.2	24.4	6.6	16.8	13.4
1966	50.3	2.2	25.7	5.1	17.7	5.2
1967	51.7	2.8	26.7	4.0	19.2	8.3
1968	52.2	1.0	28.2	5.3	21.8	13.6
1969	53.1	1.7	29.7	5.2	25.5	17.2
1970	54.9	3.4	31.5	7.7	30.5	19.7
1971	54.4	-0.9	33.5	6.3	35.3	15.7
1972	55.3	1.7	35.2	4.9	40.0	13.2
1973	64.0	15.7	39.3	11.7	50.1	25.1
1974	81.6	27.5	48.4	23.2	61.6	23.0
1975	83.9	2.8	54.0	11.7	58.9	-4.3
1976	88.6	5.6	59.1	9.4	59.4	0.8
1977	91.5	3.3	63.9	8.1	60.7	2.1
1978	91.0	-0.5	66.7	4.2	62.3	2.8
1979	95.6	5.1	69.1	3.7	65.2	4.6
1980	109.9	15.0	74.5	7.7	70.7	8.5
1981	111.4	1.4	78.1	4.9	76.9	8.7
1982	111.9	0.4	80.3	2.8	82.3	7.1
1983	111.2	-0.6	81.8	1.9	86.2	4.7
1984	111.3	0.1	83.6	2.3	89.0	3.2
1985	110.5	-0.7	85.4	2.0	91.5	2.8
1986	105.3	-4.7	85.9	0.6	94.1	2.8

【図版10】消費者物価指数（前年比）と完全失業率を並べたリスト

暦年	消費者物価指数（前年比）	完全失業率
1957	3.1	1.9
1958	−0.4	2.1
1959	1.0	2.2
1960	3.6	1.7
1961	5.3	1.4
1962	6.8	1.3
1963	7.6	1.3
1964	3.9	1.1
1965	6.6	1.2
1966	5.1	1.3
1967	4.0	1.3
1968	5.3	1.2
1969	5.2	1.1
1970	7.7	1.1
1971	6.3	1.2
1972	4.9	1.4
1973	11.7	1.3
1974	23.2	1.4
1975	11.7	1.9
1976	9.4	2.0
1977	8.1	2.0
1978	4.2	2.2
1979	3.7	2.1
1980	7.7	2.0
1981	4.9	2.2
1982	2.8	2.4
1983	1.9	2.6
1984	2.3	2.7
1985	2.0	2.6
1986	0.6	2.8
1987	0.1	2.8
1988	0.7	2.5
1989	2.3	2.3
1990	3.1	2.1
1991	3.3	2.1
1992	1.6	2.2
1993	1.3	2.5
1994	0.7	2.9
1995	−0.1	3.2
1996	0.1	3.4
1997	1.8	3.4
1998	0.6	4.1
1999	−0.3	4.7
2000	−0.7	4.7
2001	−0.7	5.0
2002	−0.9	5.4
2003	−0.3	5.3
2004	0	4.7
2005	−0.3	4.4
2006	0.3	4.1
2007	0	3.9
2008	1.4	4.0
2009	−1.4	5.1
2010	−0.7	5.1
2011	−0.3	4.6
2012	0	4.3
2013	0.4	4.0
2014	2.7	3.6
2015	0.8	3.4
2016	−0.1	3.1
2017	0.5	2.8

【図版11】消費者物価指数（前年比）と完全失業率の散布図

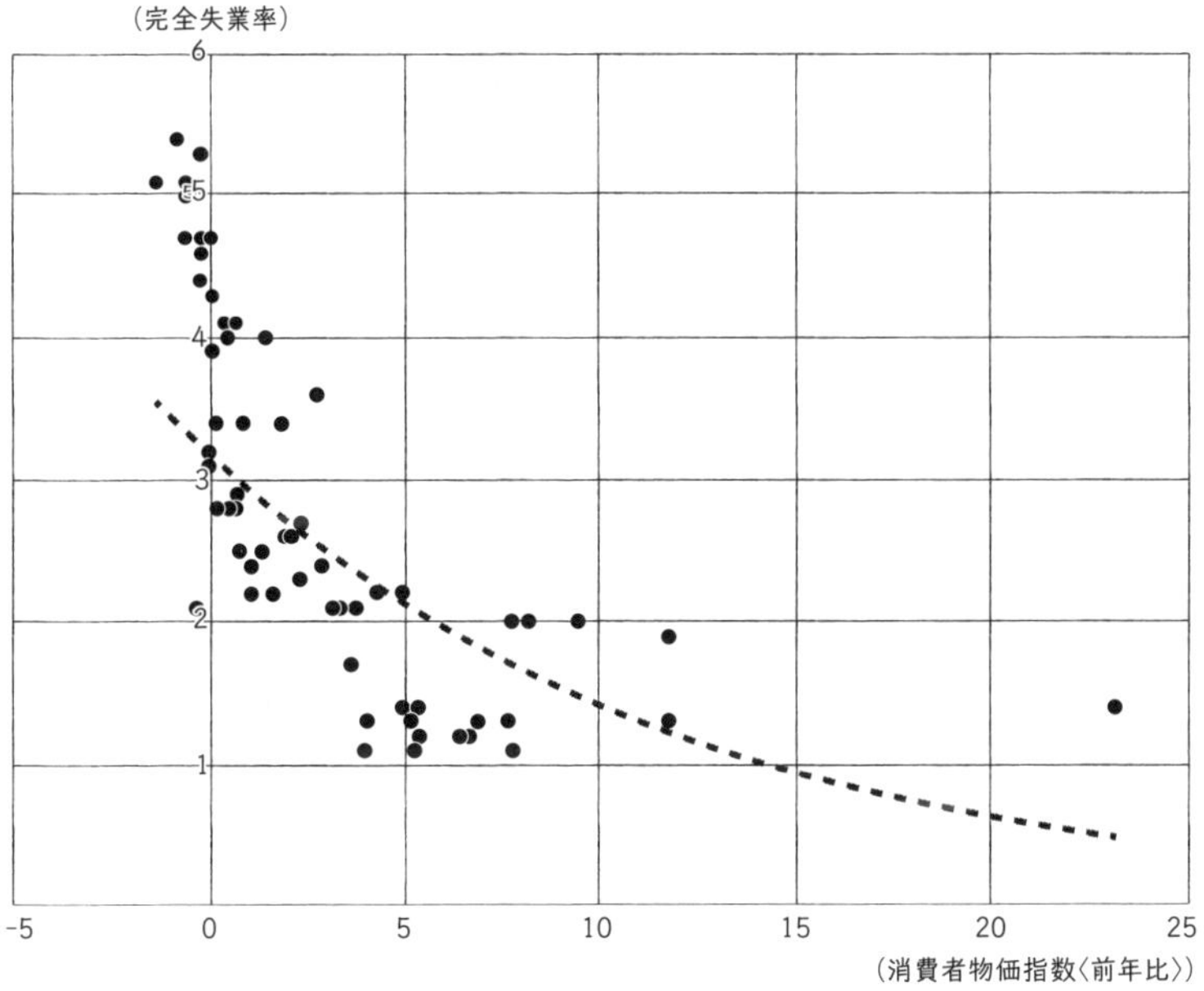

【図版12】1990年以降の消費者物価指数（前年比）と
完全失業率を並べたリスト

暦年	消費者物価指数（前年比）	完全失業率
1990	3.1	2.1
1991	3.3	2.1
1992	1.6	2.2
1993	1.3	2.5
1994	0.7	2.9
1995	−0.1	3.2
1996	0.1	3.4
1997	1.8	3.4
1998	0.6	4.1
1999	−0.3	4.7
2000	−0.7	4.7
2001	−0.7	5.0
2002	−0.9	5.4
2003	−0.3	5.3
2004	0	4.7
2005	−0.3	4.4
2006	0.3	4.1
2007	0	3.9
2008	1.4	4.0
2009	−1.4	5.1
2010	−0.7	5.1
2011	−0.3	4.6
2012	0	4.3
2013	0.4	4.0
2014	2.7	3.6
2015	0.8	3.4
2016	−0.1	3.1
2017	0.5	2.8

【図版13】1990年以降の消費者物価指数（前年比）と完全失業率の散布図

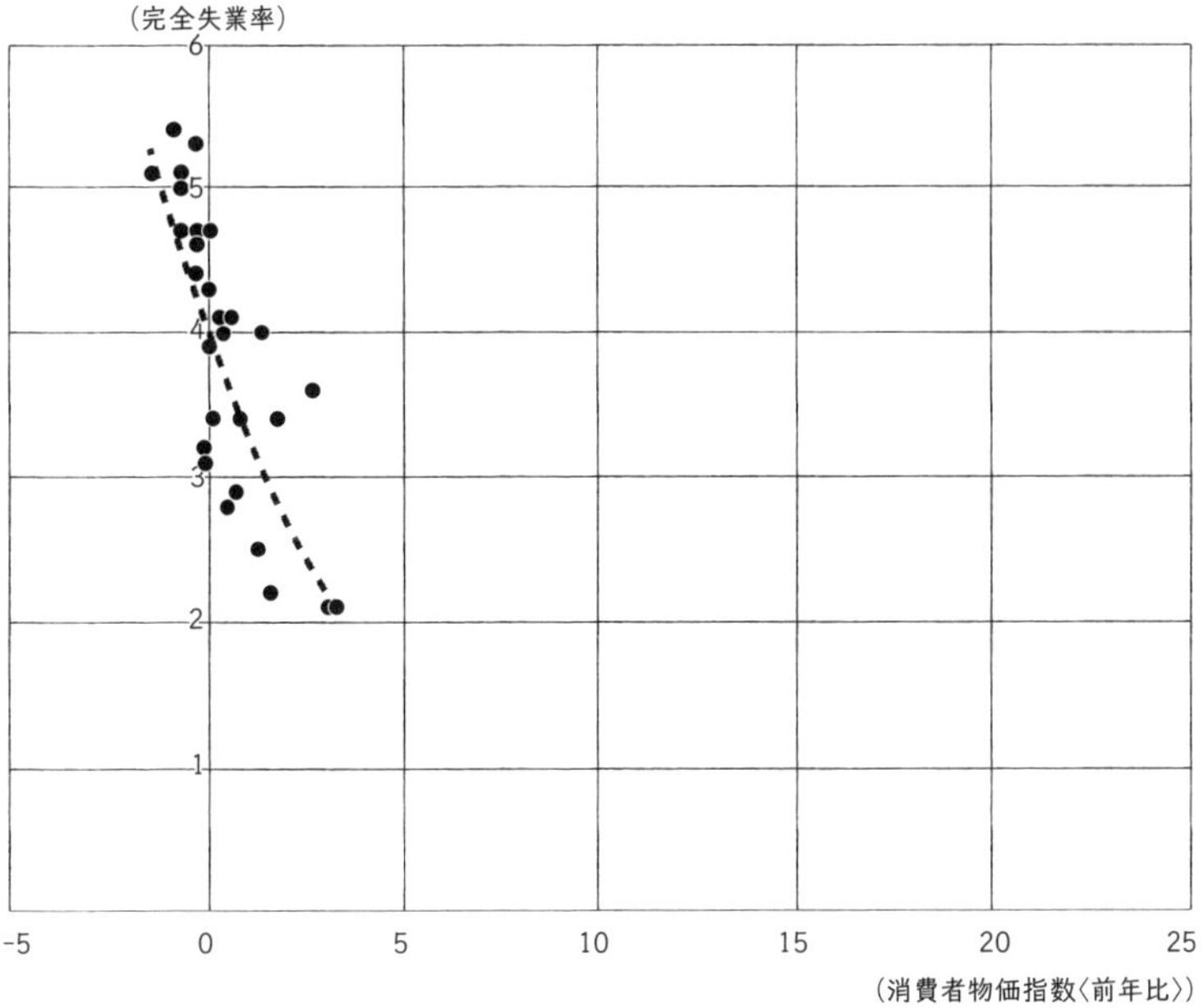

物価と失業率の散布図も「だいたいの傾向」に着目すれば、線は右下がりになっており、物価と失業率は負の相関にあることが見てとれるだろう。

さらに１９９０年以降に絞ると【図版12】、【図版13】のようになる。

【図版11】に比べると消費者物価指数（前年比）の動きが少ない。

物価と失業率が負の相関にあることには変わりないとはいえ、失業率の変動ほど物価は変動していないことを示している。

このグラフは、ある意味でおもしろみがないといえるが、それだけ**狂乱物価がなくなり物価の動きをコントロールできたともいえるので、生活水準はよくなったことを示す**ともいえる。

今は自分の筆算で回帰分析の計算をしなくても、エクセルで簡単にできるのだから、便利な時代になったものだ。

この便利ツールを活用すれば、計算が苦手な読者でも十分にデータを扱える。

本書を機に、経済理論の知識に止まらず、何ごとにおいてもデータを見て考えるというクセをつけてはどうだろうか。よりロジカルに考えられるようになるはずだ。

失業率は「ゼロ」にはならない

ここまで失業率について言及した際、私が「極限まで」「最低限」などといってきたことに気づいていただろうか。気づいた人は「なぜ、『ゼロ』といわないんだ？」と訝しく思っていただろうが、もちろん理由がある。

失業率は、いくら下がっても限度がある。

つまり**失業率は「ゼロ」にはならない。この現象を「NAIRU」と呼ぶ（【図版14】）。**NAIRUは「Non-Accelerating Inflation Rate of Unemployment」の頭文字をとったもので、日本語では「インフレ非加速的失業率」とも呼ばれる。

つまり「インフレを加速しない失業率」という意味だが、これは要するに、**物価がどれだけ上がろうと、失業者は一定の割合で存在する**ものだという現実社会の実態を言い表しているのだ。

だから、フィリップス曲線も、概念的にはどう線を描いてもいいのだが、失業率をタテ軸にした場合は、ヨコ軸と接することはない。必ずどこかで下限に達し、線はヨコ軸と並行に近くなる。

では、失業率の下限はどれくらいか。

その点を研究している人は、私の他には少ないようなのだが、じつは、こういう部分を考えることこそが研究の醍醐味だ。

【図版4】（p32〜33）を見てもわかるように、戦後から高度経済成長期にかけて、失業率はかなり低かったが、これは特殊な時代に限ったことだ。私の見立てでは、日本の失業率の下限は2%半ばくらいである。

フィリップス曲線に加えて、このNAIRUの視点も持ち合わせていると、たとえば経済政策を評価する際に役立つ。

すでに説明したように、失業率と物価には負の相関がある。そして失業率には下限がある。となれば、失業率が下限に達するとき、物価上昇率はどれくらいであればいいかも推計できる。経済政策では、よく「インフレ目標」が掲げられる。**そのインフレ目標が、まさに、「失業率が下限に達するときの物価上昇率の推計値」**なのだ。

アベノミクスでは、インフレ目標は「2%」と掲げられたが、適当に決められたわけではない。物価が2%上がれば、失業率は2%半ば程度の下限に達するという根拠がある。

つまり、**インフレ目標2%というのは、失業者を極限まで減らすという国の責任を果たすための目標値**というわけだ。

【図版14】NAIRU（インフレ非加速的失業率）

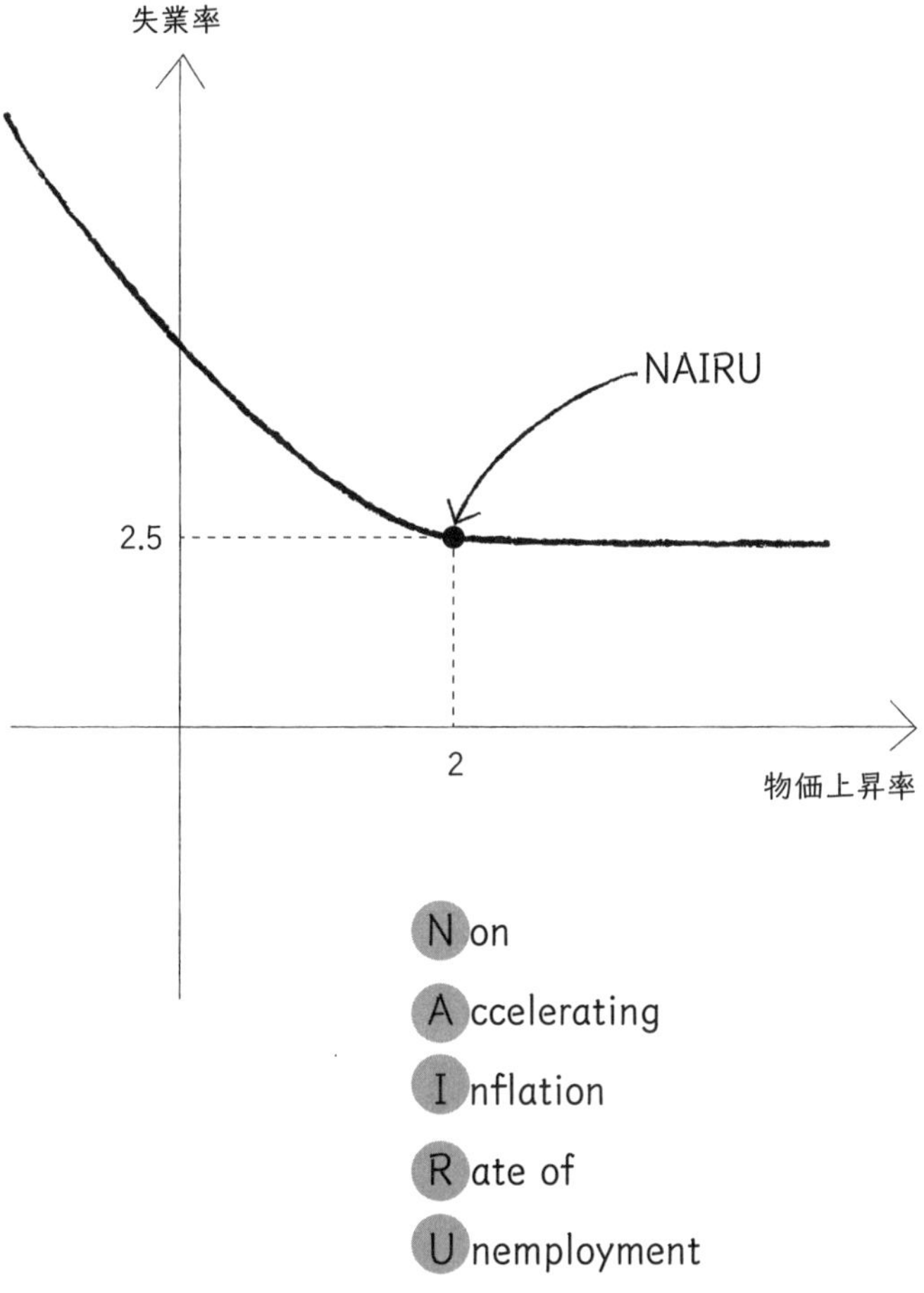

これで、もう「失業率が下がったといってもゼロではないから、ダメだ」などとバカなことは言わずに済み、ある程度、経済政策を正当に評価できるだろう。

最新のデータ（総務省）を調べてみたところ、日本の完全失業率は、２０１９年9月期の時点で２・４％だ。１９９１年のバブル崩壊の後から上昇し、民主党政権時代であったつい数年前までは３～５％が続いていたことを見れば、かなり上出来といっていい。

経済は、この因果関係と順序で回っている

オークンの法則は経済成長率と失業率の相関性、フィリップス曲線は物価上昇率と失業率の相関性を示したものだ。経済成長率と物価上昇率は、両方とも失業率と負の相関関係にある。

これらのことがわかると、オークンの法則とフィリップス曲線は関係していると考えたくなるだろう。それで正解なのだが、どう関係しているのかというと、少し説明が必要だ。

次の図を見てほしい（【図版15】）。経済の初歩ともいえる「需要と供給」の図だ。

ヨコ軸は量（Q）、タテ軸は価格（P）であり、右下がりの需要線（D）と右上がりの供給線（S）が交わるところで価格が決まる、ということを示している。

【図版15】総需要と総供給、GDPギャップ

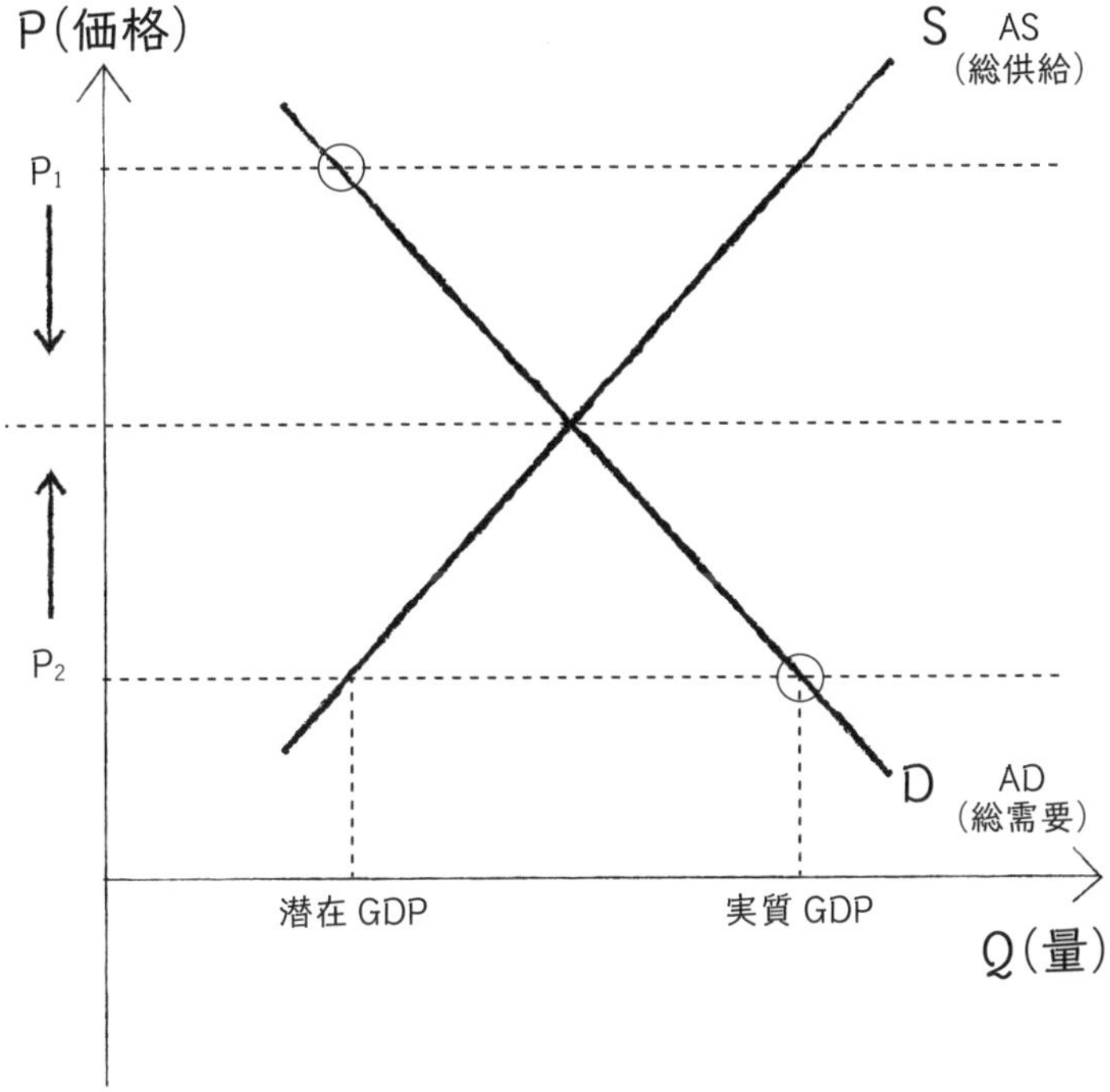

● $\dfrac{\text{実質 GDP} - \text{潜在 GDP}}{\text{潜在 GDP}}$ = GDP ギャップ

需要と供給は、市場で取引されるすべてのモノやサービスに当てはまる。

あらかじめ値段が据え置きのもの（書籍や新聞はその代表だ）を除いて、あるモノやサービスが、ものすごく人気がある（需要がある）場合は価格が上がるし、不人気な場合は価格が下がる。

ここで視点をマクロに広げてみよう。

一つひとつのモノやサービスではなく、**世の中の需要量をすべて足し算したものを「総需要」、世の中の供給量をすべて足し算したものを「総供給」**と呼ぶ。

総供給は、国内の労働力や製造設備などから推計され、実際の総需要量にかかわらず「国全体でこれくらいは供給できる」という国内総生産（GDP）のポテンシャルを示す。そのことから、**総供給は「潜在GDP」とも呼ばれる。**

一方、**総需要とは「実際に合計どれくらい需要されたか」**ということだが、これは**「実質GDP」**を指す。

ある人が、あるモノやサービスに払ったカネは、そのモノやサービスを供給した企業に入り、労働者の給料となる。その企業が諸経費として外注業者などに払ったカネも、やはりその外注業者の労働者の給料になる。

このように、誰かが払ったカネは、必ずどこかで、別の誰かの給料になっている。

これが社会全体で起こっているわけだから、**総需要とは、需要者が支払ったカネの総額であると同時に、供給者が受け取ったカネの総額**なのだ。つまり総需要とは、実際に需要され、実際に供給されたという実質的なＧＤＰであり、すなわち国の経済力を指す。

今まで当然のように説明してきたが、実質ＧＤＰの前年比が経済成長率を指すのは、こういうわけだ。

ここで登場するのが、**「ＧＤＰギャップ」**という概念だ。**実質ＧＤＰから潜在ＧＤＰを引いた値を潜在ＧＤＰで割った値**である。実質ＧＤＰが大きければ大きいほど、ＧＤＰギャップは大きくなる。

仮に、１００だけ供給できるポテンシャルがあるとして、実際には10しか需要されていないとしよう。ＧＤＰギャップは、実質ＧＤＰ10から潜在ＧＤＰ１００を引いて１００で割った値だから、マイナス０・９だ。この場合、10だけ供給すれば事足りてしまうわけだから、90の供給ポテンシャルは生かされないまま、労働者が余ることになる。また、需要に対して供給過剰となるため、需要と供給のバランスから物価は下がる。

逆に、１００の供給ポテンシャルに対して、90の需要があったとしたら、どうなるか。ＧＤＰギャップは、90から１００を引いて１００で割った値だからマイナス０・１だ。１００のポテンシャルに対して90の需要があるということは、ほぼポテンシャル目一杯に供給しなくては需要に応えられない。となれば当然、労働者はほぼフル稼働だ。先ほどのGDPギャップがマイナス0・9のケースより失業率は低くなり、さらに需要と供給のバランスから物価は上がる。

まとめると、こういうことだ。

・GDPギャップの値が大きくなると失業率は下がり、物価は上がる
・GDPギャップの値が小さくなると失業率は上がり、物価は下がる
・GDPギャップは（実質GDP－潜在GDP）÷潜在GDPだから、実質GDPが大きいときにGDPギャップの値は大きくなり、実質GDPが小さいときにGDPギャップの値は小さくなる

先ほども説明したが、GDPとは国の経済力を示すものであり、GDPの前年比が経済成長率だ。したがって、さらにまとめると、

・実質GDPアップ（経済成長率アップ）
＝GDPギャップの値は大きくなる＝失業率ダウン＆物価アップ
・実質GDPダウン（経済成長率ダウン）
＝GDPギャップの値は小さくなる＝失業率アップ＆物価ダウン

となる。もうおわかりだろうか。
GDPギャップを介して考えると、実質GDP、物価、失業率の関係性がすっきり整理できるのだ。

オークンの法則は経済成長率と失業率、フィリップス曲線は物価上昇率と失業率と、2つの相関性しか説明していない。両者はとても似ているから、きっと関係しているに違いないという感覚は当たっている。だが、感覚だけではロジカルとはいえない。**そこでGDPギャップを踏まえれば、2つの別個の理論を整合的に説明できる**のである。

実質GDPが上がると、失業率は下がり、物価が上がる。
このメカニズムに、もっとも敏感なのは市場だ。
たとえば、経済成長を促すような経済政策（金融緩和や財政出動）を政府が打ち出すと、真っ先に影響が現れるのは株価だ。

金融緩和や財政出動によって実質GDPが上がれば、物価が上がって失業率が下がる。これは、企業のビジネス活動が盛んになって、株価が上がることも意味する。

⬅ 企業が盛んにビジネスを行って業績を上げれば、株式投資も盛んになる。

株の価格も需要と供給の市場原理で決定されるから、株を買いたい人が増えれば、株の価格は上がる。

↓

株価が上がる前に投資しておけば、株価が上がった際に利ざやを儲けられる。

↓

それを先読みした投資家が、積極的に投資を行うから、経済成長を促すような政策が打たれると、割と即座に市場が反応して、まず株価が上がる。

↓

その後に、実際に実質ＧＤＰが上がり、失業率が下がり、名目賃金が上がり、物価が上がり、実質賃金が上がる――。

という流れになる。

ちなみに為替でも似たようなことが起こる。

日本の経済成長に海外の投資家が期待を寄せれば、日本に資金が集まる。円の人気は相対的に上がることになり、やはり需要と供給の市場原理から、円高になる。

ただし、専門家でも勘違いしている人が多いのだが、実質GDP、物価、失業率、株価、為替の中には、因果関係で結ばれているものと、そうでないものがある。

実質GDPが上がると、物価が上がって失業率が下がる、というのは因果関係だ。だが、株価や為替が動くのは単なる市場の反応であって、因果関係とはいえない。

いうなれば、**市場は「未来」を先取りして動く**。経済政策など、何かしら経済に影響を及ぼす可能性が高い要素が生じると、単なる「順序」として、まず真っ先に株価や為替が変動しやすいという話に過ぎない。

ただ流れを丸暗記するだけでは、こういう話を混同しやすい。

それに丸暗記は、意味のない数字の羅列を覚えるのと同じだから、後から「あれ、どういう順序だっけ？」となりやすい。これでは本当の知識とはいえない。

でも、「オークンの法則」「フィリップス曲線」「GDPギャップ」を理解していれば、経済成長率と失業率と物価の三つ巴の関係性を、因果関係としてロジカルに説明できる。

そのうえで、**株価や為替の変動については、単に経済政策などに市場が反応した結果として、切り離して考えられる**のだ。

2章

経済政策がスッキリわかる
2大理論

物価はどのように決まるのか
——貨幣数量理論

経済成長率と物価上昇率と失業率の相関性は、オークンの法則、フィリップス曲線、GDPギャップで理解できたと思う。

経済成長とは実質GDPが上がること、つまり国内の企業が盛んにビジネスを行って、より多くの付加価値を生み出すことだ。それは、要するに「仕事がたくさんある」ということだから、失業者が減る。

また、企業が盛んにビジネスを行うというのは、簡単にいえば、「カネがたくさん生まれる」ということだから、物価が上がる。

これから説明する**「貨幣数量理論」は、世の中に出回るカネの増減によって、物価が上下するというメカニズム**だ。

【図版16】貨幣数量理論

～世の中に出回るカネの増減によって、物価は上下する～

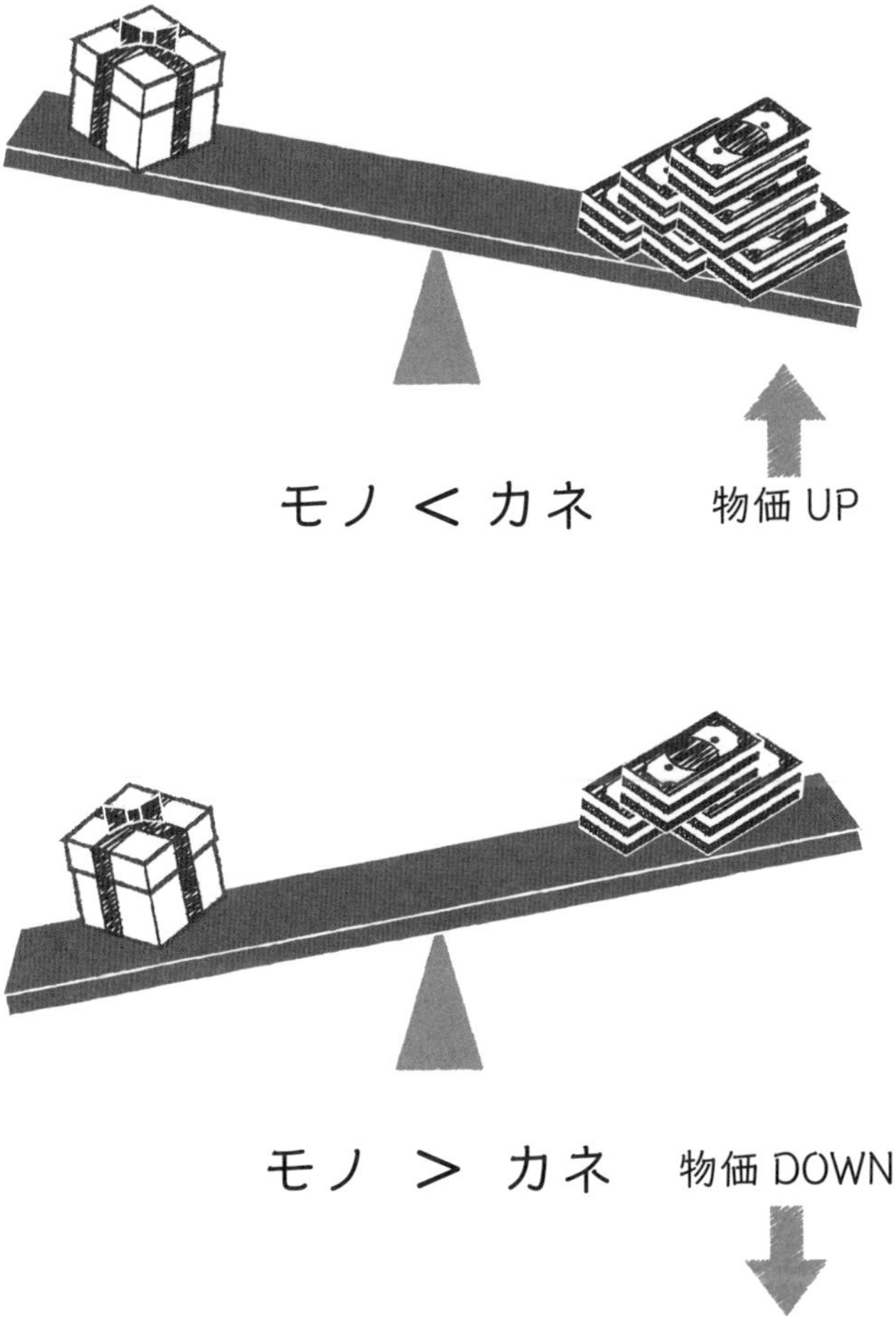

「ワルラスの法則」はマクロ経済学のベース

貨幣数量理論とは、前ページ【図版16】のように「物価はモノとカネの量のバランスによって決する」というものだ。

これを理解するには、まず「ワルラスの法則」を知る必要がある。

ワルラスとは、19世紀のフランスの経済学者で、経済学に数学的手法を適用し「一般均衡理論」を定式化したレオン・ワルラスにちなんでいる。

ワルラスの法則は、経済を個別の事象としてではなく、全体でとらえるマクロ経済学のベースといえる。とくに貨幣数量理論を理解するうえでは欠かせないから、ここで紹介することにした。

ワルラスの法則は、数式1つで説明できる。20年も前の話だが、筆者はいわゆる「リフレ理論」を説明する際に、ワルラスの法則から貨幣数量理論を導き出した。

もともと数学を専門とする私にとっては、数式ほどシンプルでわかりやすいものはない。だから、そのときも数ページの数式だけを書いたのだが、経済学者でも理解できなかったらしい。

だとすると、数学アレルギーのド文系の人はなおさらだろう。さっぱり数式が理解できない人も多いだろうから、ここでは言葉で説明しておく。

ワルラスの法則とは、「世の中の超過需要と超過供給の和はゼロになる」という法則だ。

世の中には、さまざまなモノやサービスなどを、貨幣で売り買いする市場がある。

マクロ経済学では、一つひとつの市場に分けて考えず、すべての市場の需要と供給から経済を考えるが、まずは、ごく単純化して考えたほうが理解しやすいだろう。

そこで仮に、aという財を生産するAさんと、1000円のカネを持つBさんという、たった2人の人間しか存在しない世の中を設定してみよう。

Bさんは、Aさんが生産するaが欲しい。つまり、Aさんはaの供給者であり、Bさんはaの需要者だ。

Aさんは何の見返りもなくaを手放したくないから、Bさんが持っている1000円と引き換えにaを売る。このとき、財の供給者であるAさんは、Bさんが持っている貨幣の需要者になるわけだ。

先ほど設定したとおり、世の中に存在する人間は2人だけ、財はaだけだ。

したがって、Bさんがケチッて500円で財を買うという選択肢はあり得ない。500円を手元に残したところで、どうしようもないからだ。

では、ワルラス法則の超過需要、超過供給とはどういうことか。

世の中に人間は2人だけ、財はａだけという設定のまま説明すると、まず、Ａさんがａをたくさん生産したとする。

Ａさんはａを1つあたり1000円で売りたいが、Ｂさんには1000円しかない。

仮にａを10個作ったとしたら、合計で1万円だ。Ａさんは、Ｂさんが持っている1000円と、あと9000円欲しいことになる。

つまり、**9000円ぶんの超過供給（財の余剰）は、9000円ぶんの超過需要（貨幣の不足）となる**のだ。

ここで視点をマクロに広げてみよう。

需要と供給がぴったり一致することはない。世の中に数え切れないほど存在する市場では、つねに超過供給（余剰）と超過需要（不足）が起こっている。ある市場で超過需要なら、別のある市場では超過供給という具合だ。

市場原理も踏まえて言い換えれば、ある市場では超過供給のために価格が下がっているとしたら、必ず、別のある市場では、超過需要のために価格が上がっているということだ。

ただ、実際にすべての市場を見出したらキリがないし、意味もない。

そこで私は、

【図版17】ワルラス法則

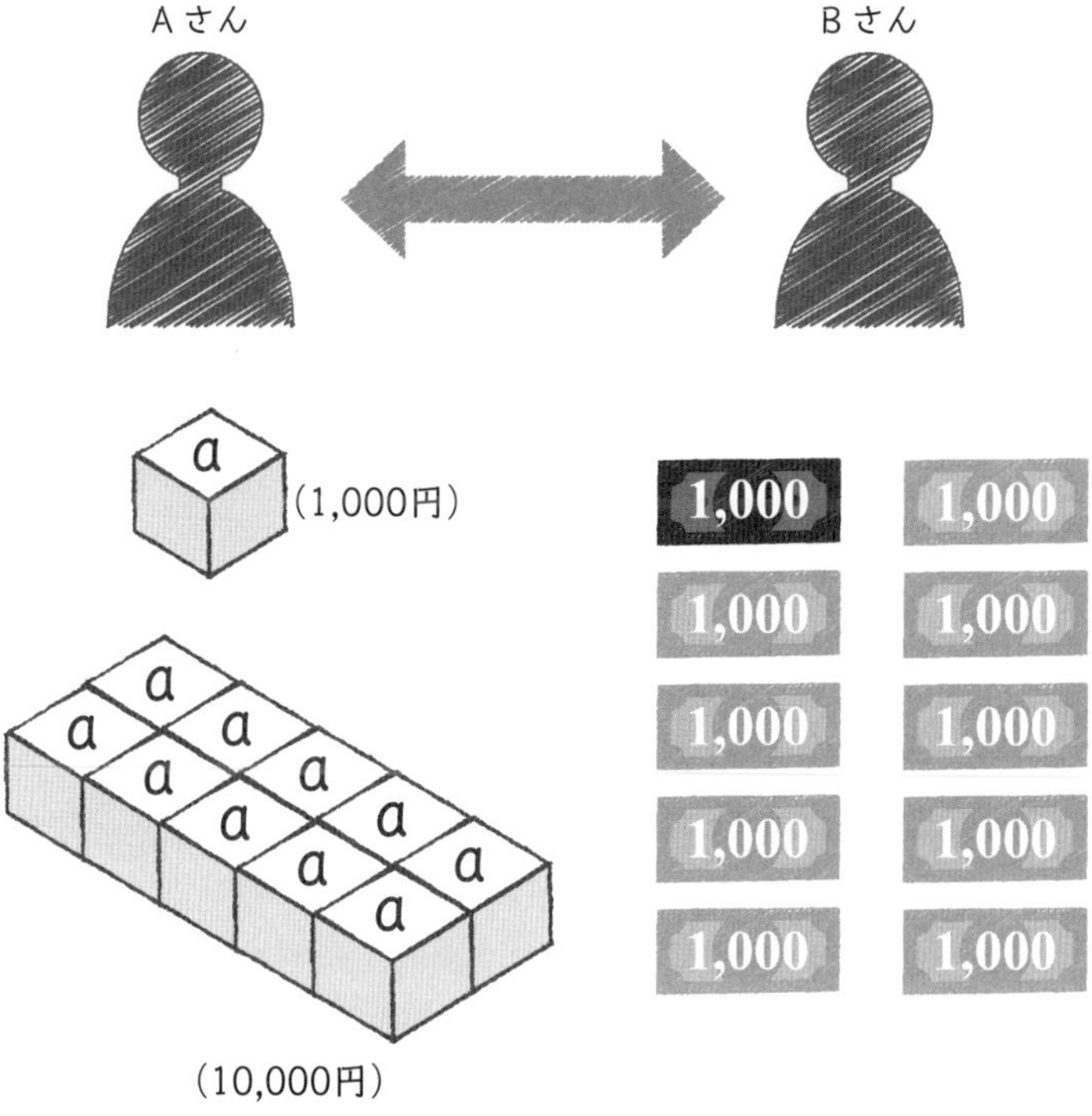

☆9,000円分の超過供給（財の余剰）は、
9,000円分の超過需要（貨幣の不足）に！

・モノやサービスが売り買いされる「財市場」
・労働力が売り買いされる「労働市場」
・株や為替など金融資産が売り買いされる「金融市場」

の3つに分けて考えている。

この分類の基準は価格の動きやすさだ。

たとえば労働力の価格は、そう頻繁には変わらない。読者も、雇い主から受け取る給料がコロコロ変わるという人は稀だろう。

一方、モノやサービスは、需要と供給のバランスが移ろいやすく、価格も動きやすい。さらに動きやすいのは、経済政策や世情に敏感に反応する株価や為替だ。

前にも触れたことだが、何かあるとまず反応するのは株価や為替であり、その後にGDPや物価や賃金が動く。**経済を考えるうえで、こういう「順序」はけっこう大事である。**

だから、**金融、財、労働、というように価格の変わりやすさ（つまり変化する順序の早さ）で市場を分類しておくと、よりシンプルに的確に世の中を見ることができる**のだ。

話を戻そう。

先ほどのたとえ話で見たように、超過需要と超過供給はぴったり同じ額で、マイナスとプラスの関係にある。この関係は市場がいくつになっても変わらない。

つまり**「すべての市場の超過需要と超過供給は、合計するとゼロになる」――というワルラスの法則にたどり着く**のだ。なお、教科書などでは「すべての市場の超過需要の和はゼロになる」と書かれていることが多い。

本書では、より親切に表現しただけで、意味は同じである。

物価は「モノとカネのバランス」で決まる

モノ、サービス、株、為替など、個々の価格は、需要と供給の市場原理によって決まる。

しかし物価はちょっと違う。物価とは、世の中で売り買いされているモノの価格の平均みたいなものだが、これには、「世の中に出回っているカネの総量」が関係しているのだ。

ひとことでいえば、**物価は「世の中で売り買いされているものの量」と「世の中に出回っているカネの量」のバランスで決まる。**

これが**「貨幣数量理論」**である。

先ほどのワルラス法則で挙げた「世の中に存在する人間は２人だけ、財は１つだけ」という設定を思い出してほしい。

この設定だと、Aさんが作っているaが「世の中で売り買いされているモノ」であり、aの値段=物価だ。そしてBさんが持っている1000円が「世の中に出回っているカネ」だ。

Aさんが作っている財が欲しいBさんは、1000円を持っていた。世の中に存在する財は1つだけだから、Bさんがケチッて500円で買うという選択肢はあり得ないと説明した。

となると、もしBさんが2000円を持っていたら、その2000円で財を買うことになる。

AさんとBさんの2人しかいない世の中にあるカネが、2000円になると、物価は上がるわけだ。逆にBさんが500円を持っていたら、物価は500円に下がることになる。

貨幣数量理論は、このメカニズムが世の中全体で起こっていると考えればいい。

世の中で売り買いされているものより、世の中に出回っているカネのほうが多くなると、モノに対してカネがダブつく。つまり、モノのほうが相対的に少なくなるため、物価が上がる(インフレ)。

反対に、世の中に出回っているカネより、世の中で売り買いされているモノのほうが多くなると、今度はカネに対してモノがダブつく。つまり、モノが相対的に多くなるため、物価が下がる(デフレ)。

読者も、インフレ、デフレという言葉はよく聞くと思う。

今までの説明をまとめて、次のように貨幣数量理論を覚えておくと、無理解なまま、ただ言葉だけを発するという愚は避けられるだろう。

・インフレ＝カネが増えて、モノの価値が上がった状態
・デフレ＝カネが減って、モノの価値が下がった状態

「増える」「減る」「上がる」「下がる」という言葉からもわかるように、インフレもデフレも、ある一定の状態を指すものではない。

たとえば、バブル崩壊後にデフレに転じたというのは、バブル期に比べてカネが減って、モノの価値が下がったということだ。また、前にも出した「インフレ目標」（p72）というのも、「今と比べて未来をどうするか」ということだ。

このように**インフレ、デフレは、過去と現在、現在と未来の比較のうえで成り立つ相対的な概念**だということも、一緒に覚えておこう。

経済政策は、どうすれば「効く」のか
――「マンデル＝フレミングモデル」

経済政策について、何がどう作用して実体経済に影響するのか、ほとんど知らないという人も多いことだろう。

ほかの経済理論同様、経済政策に関する理論もシンプルだ。

ＧＤＰギャップの説明で、「経済成長を促すような経済政策」として金融緩和と財政出動を挙げた。

マンデル＝フレミングモデルは、なぜ金融緩和と財政出動によって経済成長が促されるのか、その因果関係を説明することで、適切な経済政策のあり方を理論化したものだ。

【図版18】マンデル＝フレミングモデル

〜なぜ金融緩和と財政出動によって経済成長が促されるのか〜

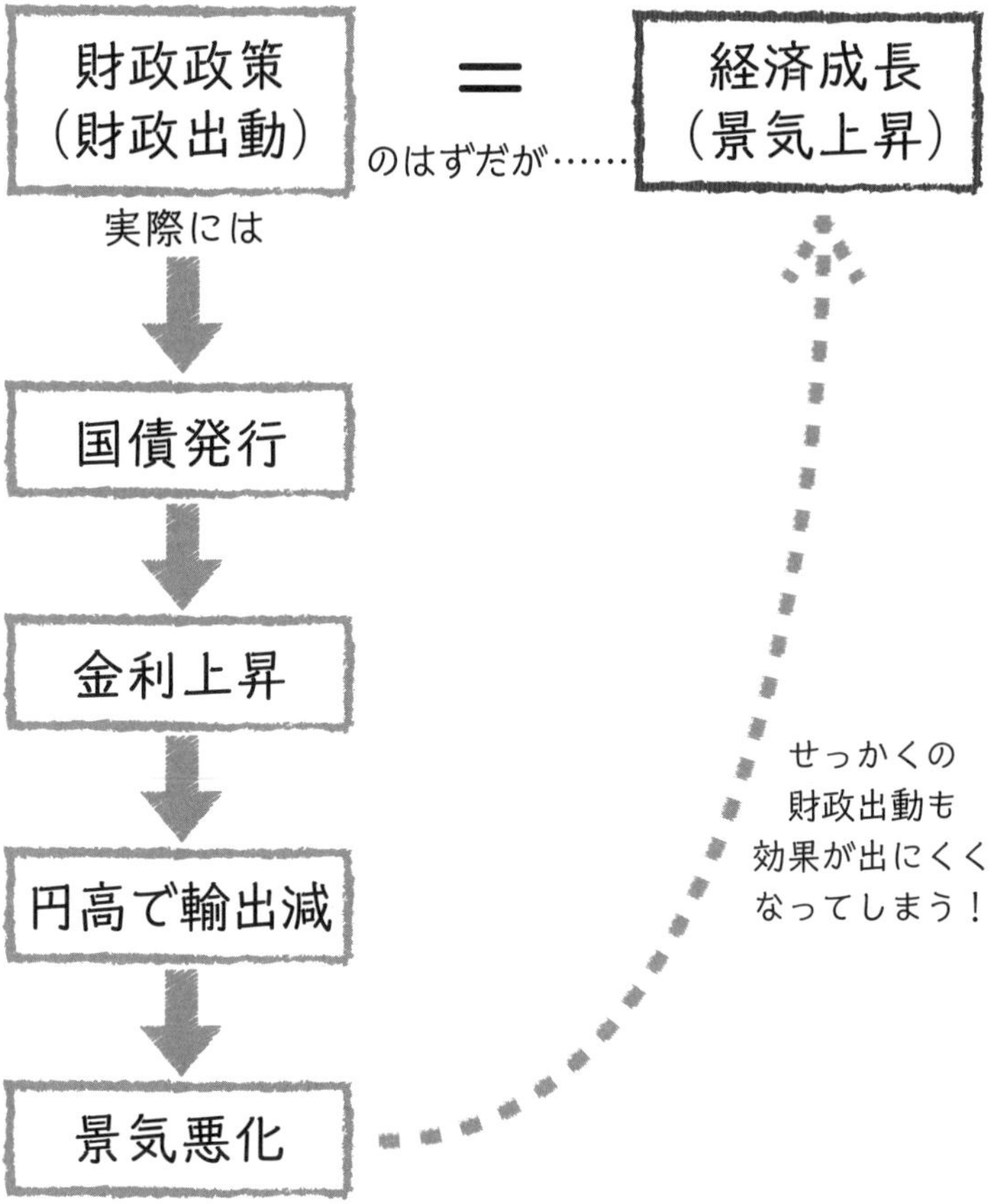

・金利が上がると“投資”と“輸出”が減るため、
変動相場制のもとでGDPを増やすには、
単独で行う財政政策（財政出動）では効果がない

まずGDPの「内訳」を知ろう

マンデル＝フレミングモデルは、前ページ【図版18】で示したように、**「金利が上がると〝投資〟と〝輸出〟が減るため、変動相場制のもとでGDPを増やすには、単独で行う財政政策（財政出動）では効果がない」**というものだ。「単独で行う財政政策では効果がない」ということは、つまり、**金融政策（金融緩和）も合わせて行う必要があるということである。**

ちなみに、教科書や辞書には、マンデル＝フレミングモデルを「財政政策より金融政策のほうが効果的とする理論」と説明しているものが多い。

そう聞いて、どんな印象を受けただろうか。

「財政政策には効果がない」と受け取った人が多いと思うが、それは間違いだ。

辞書の定義が間違っているとはいわない。ただ、その定義に含まれるロジックをわかっていない人が、単純に辞書の定義を丸暗記すると、歪んだ知識を身につける危険があるのだ。

これは、暗記勉強をしてきた人にありがちな「結論だけを覚えようとする弊害」である。他の理論においても同じことがいえるが、これから説明するロジックをきちんと頭に入れて、真の理解を手に入れてほしい。

さて、本当は、マンデル＝フレミングモデルも数式1つで表現できるのだが、やはり、あえて言葉で説明していこう。

これから説明する内容をしっかり頭に入れていけば、**「金利が上がると投資と輸出が減るため、変動相場制のもとでGDPを増やすには、財政政策（財政出動）と合わせて金融政策（金融緩和）を行うのが効果的」の本当の意味**がわかるはずだ。

マンデル＝フレミングモデルを理解するには、

①「なぜ、金利が上がると投資と輸出が減るのか」
②「なぜ、『変動相場制のもとでは』という条件つきなのか」

という、大きく2つのポイントがある。これらがわかれば、マンデル＝フレミングモデルは、じつにシンプルに理解できる。

では順を追って説明していこう。

まず、ごく初歩的な知識として、GDPとはいったい何なのかを話しておかねばならない。

ＧＤＰとは「Gross Domestic Product」の略であり、「国内総生産」の意であることは知っている人も多いと思うが、では、何をもって国内総生産と呼ぶのか。

辞書的には「ある一定期間に国内で生み出されたモノやサービスの付加価値の合計額」などと定義されるが、わかるような、わからないような、という印象を抱く人が大半だろう。

ＧＤＰを理解するには、その内訳を知るのが一番手っ取り早い。

国内では日々、さまざまな経済活動が行われている。

人々は働いてモノやサービスを生産し、報酬として得たカネで消費したり投資したりする。投資にはもちろん、企業の設備投資などもある。

また、貿易会社は海外との輸出事業と輸入事業を行っている。輸入は国内に入ってくるカネ（を生み出すもと）、輸出は国外に出ていくカネ（を生み出すもと）だ。

さらに公共事業など、政府が生み出す需要というのもある。

今までサラリと「ＧＤＰ」といってきたが、ＧＤＰの内訳は、今、挙げたもの全部だ。つまり**「ＧＤＰ＝消費＋投資＋政府需要＋輸出－輸入」**と定義できる。

これを頭に入れることが、マンデル＝フレミングモデルを理解する出発点だ。

財政出動すると何が起こるか――カギは「金利」

では、マンデル＝フレミングモデルの1つ目のポイント、「なぜ金利が上がると投資と輸出が下がるのか」を説明していこう。

まず、そもそも金利とは、どんなときに上がるものなのか。もちろん要因は1つではないが、ここで重要なのは、国債発行との因果だ。

今もいったように、「GDP＝消費＋投資＋政府需要＋輸出－輸入」だ。

マンデル＝フレミングモデルは、経済政策の効果のメカニズムを説明するものだから、このGDPの内訳のうち、注目したいのは**「政府需要」**の効果である。

経済政策には、〝財政政策〟と〝金融政策〟の2種類がある。

景気が悪くて成長が低迷しているとき、財政政策としては「減税」か「財政出動」が行われる。

このうち**「財政出動」とは、公共投資などを行って世の中に仕事を作り出すことだ。**

より具体的にいえば、政府が国債を発行して民間金融機関からカネを集め、それを資金として公共事業などを行うものだ。**政府が世の中に仕事を作り出す、つまり政府が需要を生み出すとい**

う意味で、これを「政府需要」と呼ぶ。

つまり、不景気対策としての財政政策は、「国民からとるカネを減らすか」「国民に分配するカネを増やすか」の二択ということになる。

ここで、財政出動、公共事業によって政府需要が増えると、失業者は減り、国民の所得は増える。

すると、どうなるだろうか。

より所得が多くなれば、より多く「消費」するのが人間だ。消費するのは国内で作られたものだけとは限らないから、当然、海外からの「輸入」も増える。「輸出」は、ひとまず不動としておこう（その理由は、読んでいけばわかる）。

さらに、政府需要増によって経済がより活発になれば、民間の「投資」もより盛んになるだろう。個人の株式投資や住宅投資、企業の設備投資などだ。

まとめると、GDPの内訳のうち「政府需要」が増えれば、必然的に「消費」「投資」「輸入」も上がる。輸入は、GDPでマイナスされる要素だが、だいたい消費の6割程度の額と考えていい。

つまり、輸入は必ず消費より小さい額になるから、政府需要が増えることで消費と同時に輸入

のマイナス分が増えても、すべての和であるＧＤＰは増えるわけだ（そのため、以降、ＧＤＰの内訳は**「（消費－輸入）＋政府需要＋投資＋輸出」**と表記する）。

だとしたら、ＧＤＰを増やすには財政出動をどんどん行えばいい、ということになるのだろうか。

それが違うのである。**カギは「金利」**だ。

今の「政府需要が増えれば、（消費－輸入）も投資も増えて、輸出は不動」という話には、１つ**「金利が変わらなければ」という前提条件がある**のだ。

先ほど、財政出動は国債を発行して行うと説明した。そして現実には、**国債が発行されると、金利は上がる**のが通常だ。

これがまさに、マンデル＝フレミングモデルで「金利が上がると投資と輸出が減るため、変動相場制のもとでＧＤＰを増やすには、単独で行う財政政策（財政出動）では効果がない」とされる理由なのだ。

なぜ、財政政策だけではダメなのか。

今もいったように「財政出動によって金利が上がるから」、そして「金利が上がると投資と輸出が下がるから」なのだが、どういうことかというと、次のような因果である。

国債は、民間金融機関が政府から買う。

すると、民間金融機関の資金が政府へ流れるために、民間企業に融資できる民間金融機関の資金は、相対的に少なくなる。

資金がダブついていれば、民間金融機関は、低い金利でも民間企業に融資しようとするが、資金がより限られている状況では、より高い金利で貸そうとする。

だから政府需要が増える（国債が発行される）と、通常、金利は上がるのだ。

ここまで読めば、マンデル＝フレミングモデルの1つめのポイント「なぜ、金利が上がると投資と輸出が減るのか」も想像がつくのではないか。

まず理解しやすいのは、投資が抑えられることだろう。

たとえば企業にとっては、設備投資のために民間金融機関から借りるカネに、より多くの利子がついてしまう。個人の住宅投資なども同様だ。そうなれば、投資には歯止めがかかる。

また、金利が上がると、輸出は減る。これは、金利が上がると「円」の人気が高くなり、円高になることによる。

投資家は、金利が高いほどに儲かることになる。そのため、日本の金利が上がると円が好まれるようになる。そして、為替も需要と供給のバランスで決まるから、円がより好まれれば、円の価格はより高く、つまり円高になる。

輸出は、国内で生産されたものを海外に売るということだが、これは円を売るのと同じだ。買うほうからすれば、誰も、あえて高い買い物はしたくない。だから、財政出動によって金利が上がり、円高になると、輸出は減るのだ。

では、金利上昇と円高によって、輸入はどうなるか。輸出とは逆のメカニズムが働き、輸入は増えそうだと思うかもしれないが、それは微妙なところだ。

これで、マンデル＝フレミングモデルの1つめのポイントは理解できただろう。

財政出動に、金利上昇はつきものであり、金利が上がると投資と輸出が減る。

したがって、「財政出動によってGDPが増える」というロジックは、あまり筋がよくないことになる。

財政出動だけでは、効果が出にくいのだ。

もし金利が動かなければ、政府需要増によって（消費－輸入）も投資も増える。

しかし現実には、政府需要が増えると金利が上がる。そのため、政府需要が増えることで（消費－輸入）は増えても、投資と輸出は減る。

いってみれば、**投資と輸出の抑制に足を引っ張られる形となり、財政出動によってGDPが増えるかどうかは微妙になってしまう**わけである。

財政出動は「金融緩和とセットで」が正解

では、どうすればいいか。

そこで登場するのが、もう1つの経済政策、金融政策だ。

GDPを増やしたいときには「金融緩和」という政策が実施される。

結論からいえば、この金融緩和が、財政出動の微妙なところをうまくカバーして、**GDP増加につながるのだ。つまりGDPを増やしたいのなら、財政出動と金融緩和をセットで行うのが正解である。**


金融緩和を行うのは、政府の意向を受けた中央銀行だ。日本なら日本銀行である。

中央銀行は政府の「子会社」のようなものだ。民間企業の子会社が親会社の意向に従うように、中央銀行も、基本的には政府の意向に従う。

では、金融緩和で日銀は何をするのか。

単純にいえば、民間金融機関がもっている国債を日銀が買い上げる。日銀は、唯一、カネを刷ることができる金融機関であり、国債の代金を新たに刷ったカネで支払う。

つまり**金融緩和が行われると、「カネが新たに刷られて、増える」**のだ。

こうして、国債を買い上げられた民間金融機関では、資金が以前より潤沢になる。それを眠らせておく理由はない。利子収入を得るために、民間企業に積極的に資金を貸し出そうとする。したがって金利は下がり、投資は増える。

金利が下がれば、輸出にどういう影響が及ぶかは、もうわかるだろう。先ほど説明した「金利上昇→円高→輸出減」と逆のメカニズムが働く。つまり、**金融政策によって金利が下がると、投資家の円買いが抑制され、円高になりにくくなる**のだ。

ここで前項のおさらいになるが、財政出動のGDP押し上げ効果が微妙になってしまう要因は、国債発行による金利上昇だった。ということは、金利上昇という難点をうまく抑えるのが望ましい。その効果を発揮するのが金融政策というわけである。

財政出動には金利上昇作用があり、金融緩和には金利低下作用がある。セットで行うと、金利に対する作用が相殺されるようなものだといったら、イメージしやすいだろうか。

だから【図版19】にまとめたように、投資減、輸出減は回避され、GDP増加につながるというわけだ。

◆金融緩和をセットで行うと……

● 日銀が民間金融機関から国債を買う

➡ 民間金融機関の資金は減らない

（事実上、財政出動で政府に払った国債費は帳消しになる）

➡ 金利ほぼ不変

＝財政出動のデメリットＡを抑制

● 日銀が民間金融機関から国債を買う

➡ 民間金融機関の資金は減らない

（事実上、財政出動で政府に払った国債費は帳消しになる）

➡ 金利ほぼ不変→為替ほぼ不変

＝財政出動のデメリットＢを抑制

⬇

財政出動＋金融緩和

＝「（消費－輸入）」増＋「政府需要」増＋「投資」ほぼ不変

＋「輸出」ほぼ不変

＝ＧＤＰ上昇

【図版19】財政出動と金融緩和

＊GDP＝(消費－輸入)＋政府需要＋投資＋輸出

◆財政出動を行うと……

●「政府需要」増 ➡ 仕事が増えて人々の所得が増える
➡「(消費－輸入)」増

●民間金融機関が国債を買うことで、資金が政府に流れる
➡金利上昇→「投資」減
＝財政出動のデメリットA

●民間金融機関が国債を買うことで、資金が政府に流れる
➡金利上昇 ➡ 円高 ➡「輸出」減
＝財政出動のデメリットB

変動相場制か固定相場制かで、経済政策の効果は変わる

財政出動は金利上昇を招き、投資減、輸出減につながる。

この因果関係がわかれば、「GDPを上げるには、単独で行う財政政策（財政出動）では効果がない」というマンデル＝フレミングモデルの要諦は、ほぼ理解できたことになる。

では、もう1つのポイント「なぜ、『変動相場制のもとでは』という条件つきなのか」を説明しよう。

GDPを増やすには財政出動と金融緩和の合わせ技が有効というのは、すべての国に当てはまるわけではない。経済体制は国によって異なり、体制によって経済政策の行い方や作用は違ってくるからだ。

最初に答えを明かしてしまうと、**固定相場制をとっている国では、財政政策だけでGDPを増やすことができる。**マンデル＝フレミングモデルが「変動相場制のもとでは」という条件つきになっているのは、そのためだ。

ではなぜ、固定相場制のもとでは財政出動だけでいいのか。今までの話をちゃんと理解してい

れば、これもわかるはずだ。
やはりカギは「金利」である。

まず、なぜ、GDPを増やすには、財政出動と金融緩和をセットで行うのが正解なのか、前の説明を思い出してほしい。それは、財政出動だけだと、金利が上がって投資と輸出が減ってしまい、GDPを効果的に押し上げることができないからだ。

つまり問題は、金利が動くことだ。金融政策は、日銀が民間金融機関から国債を買うことで、金利上昇を抑える。これをもって、財政出動による金利上昇、投資減、輸出減が回避され、GDP増加につながるのである。

以上はすべて、変動相場制での話だ。

変動相場制では、為替が金利に影響し、金利が為替に影響するという相互作用が働いている。この**相互作用の片割れである為替が不動、つまり固定相場制だったら、そもそも金利は動かない。**そして、**そもそも金利が動かないのなら、「金利を動かさないようにするための金融政策」も必要ない。**

だから、固定相場制のもとでGDPを増やすには、財政政策だけで事足りるわけだ。

そう考えると、**金利が動かない固定相場制というのは、かなり強い金融緩和をつねに行ってい**

るようなものともいえる。

これで、マンデル＝フレミングモデルをきちんと理解したといっていいだろう。

ふんわりした理解だと、本項冒頭で挙げたような「財政政策には効果がない」とか、「財政政策（財政出動）は、変動相場制では効かないが、固定相場制では効く」といった、かなり足りない言い方になってしまう。

これでは、何ら理解も説明もできていないのと同じだ。

ちょっとでも突っ込まれたら何もいえないだろうし、何より「変動相場制では、いくら財政出動を行っても効果がない」という思い込みに陥ってしまう。まったくロジックを理解していない、「わかったつもり」の末路だ。

いっておくが、「変動相場制では、いくら財政出動を行っても効果がない」のではない。「変動相場制では、金融政策も合わせて行わなければ、財政出動は効かない」ということなのだ。

「財政出動は、変動相場制では金利の上昇を招いて投資減、輸出減につながるから、金融政策で金利上昇を抑えなければ効かない。一方、制度的に金利変動が起こらない固定相場制だったら、財政出動だけで効く」

今までの話をきちんと理解していれば、こういうロジカルな言い方になるはずだ。

このように正しく理解したうえで、最初に挙げたマンデル＝フレミングモデルの定義を読んでみると、どうだろうか。

「金利が上がると〝投資〟と〝輸出〟が減るため、変動相場制のもとでGDPを増やすには、単独で行う財政政策（財政出動）では効果がない」

最初に読んだときとは、だいぶ印象が変わっているのではないか。

「単独で行う財政政策では効果がない」とは、「財政出動だけだと、金利上昇が投資と輸出の足を引っ張るから、金利を上げないために金融緩和が欠かせない」と理解するのが正解なのだ。

今なら、それがすんなり理解できるだろう。

また、「変動相場制のもとでは財政政策より金融政策のほうが効果的」という辞書的な定義を読んでも、定義に振り回されて「財政政策には効果がない」なんて間違った知識も身につけずに済む。

知識の丸暗記には何の意味もないどころか、害になる。

やはり**重要なのは、ロジックから理解すること**なのだ。

財政出動と増税を同時に行うのは「愚策中の愚策」

マンデル＝フレミングモデルを理解したところで、少し現実社会にも目を向けてみよう。

すでに読者もわかっているように、ＧＤＰを増やすには、財政出動と金融緩和をセットで行うのが効果的だ。

その点、民主党から政権を奪還した自民党の経済政策は、一定の評価には値する。

アベノミクスでは、「大胆な金融政策」「機動的な財政政策」が行われてきた。すぐに市場が反応して株価が上がり、名目賃金、物価、実質賃金アップと、順当にいけば、いい流れができるはずだった。それでアベノミクスは花マルのはずだった。

ところが、そんな矢先に行われた消費増税が、景気の冷や水となった。

前に、不況時の財政政策は「減税」か「財政出動」、つまり「国民からとるカネを減らすか」「国民に分配するカネを増やすか」の二択だと説明した。

そう考えれば、いかに消費増税が意味不明で愚かな策であるかも、わかるだろう。

政府は、機動的な財政支出で「国民に分配するカネ」を増やしておきながら、一方では、消費増税で「国民からとるカネ」を増やしてしまった。

消費税が上がれば、消費は冷え込んであたりまえだ。

そして消費が冷え込めば、GDP増加は望めない。これも、GDPの内訳を知っている今なら、すぐにわかるはずだ。

事実、消費増税直後の2019年10月の消費支出は5・1%減となっている。この下げ幅は、前回の8%への増税直後よりも大きい。他の経済指標も景気後退を示唆するものばかりで、景気を表す統計数字すべてでマイナスという、悲惨な結果になっているのだ。

いよいよ統計上も、消費増税による日本経済の悪化が明らかになってきたといえる。

景気のカギを握る消費も、景気そのものの状況を示す景気動向指数も、前回の2014年4月の消費増税時に比較して、今回の落ち込みは大きい。

また、前回と大きく異なるのが、2019年12月現在の国際経済環境は問題が山積しており、最悪に近いということだ。世界経済も安全保障も決していい環境ではない。

せっかく着々と財政出動と金融緩和を行ってきて、その効果がそろそろ出始めようかというタイミングに、大きく目算が狂ってしまったのだ。

ちなみに、**消費増税については、医療費など社会保障を補填するためには仕方ないといった議論もよく見られるが、大間違い**である。

それについては、4章で説明する。

なぜ「オリンピックの便乗投資」が起こるのか

東京近郊在住の読者なら実感していると思うが、近年、都市再開発の勢いが凄まじい。

たとえば渋谷駅周辺などでは、古いビルがどんどん壊されては、新しいビルがどんどん建てられている。行くたびに風景が変わっているといっても、大げさでないくらいの激変ぶりだ。

これが、たまたまではなく必然であるというのも、もうわかるだろう。

なにしろ、今はマイナスまたはゼロ金利環境なので、国債発行は将来世代へのツケとはならない。将来投資するには絶好の環境である。

機動的な財政出動、大胆な金融緩和によって、金利上昇の憂き目を見ずに（それどころか今はゼロ金利だ）、ふんだんな資金が世の中に回った。年々大きくなっている都市再開発の波は、企業が盛んに不動産投資をしている1つの現れなのだ。

２０２０年がオリンピックイヤーであることも関係している。

競技場の整備や建設なども、もちろん財政出動による公共投資だ。

今や金利はゼロ水準だから、企業は民間金融機関からカネを借りやすい。そこで政府のオリンピック需要に便乗し、積極的に投資しようとする企業が増えるのも自然なことだ。

公共投資の割引率（国債調達コストを算定したもの）は、ここ15年間４％に据え置かれており、問題である。割引率は金利と基本的には同じ概念であり、今の金利はマイナスまたはゼロなので、割引率が４％というのは大きすぎる。このため、公共投資の便益が過小に評価されているので、筆者の計算では、本来採択すべき必要な公共事業は、現状の３倍程度もある。

逆にいえば、今の建設国債は必要額の１／３程度しか発行されていない。

公共投資については否定的な意見も多いが、仕事を増やし、失業者を減らして所得を増やすという効果は侮れない。

合理的な財政支出拡大を行えば、自ずとデフレ脱却にもつながる。

先進国の都市部でのオリンピックに限っていえば、整備、新建設された競技場などは必ず、事後利用できる。競技場の類は平坦で広いため、スポーツのみならず音楽イベントや展示イベントなど、さまざまなイベントの会場として活用できるのだ。

現に、お客を集めやすい先進国の都市部における今までのオリンピック開催国で、オリンピック後に不況になったとか、設備投資で大きな負の遺産を抱え込んだとかいう話は、ほとんど聞かない。

先進国でのオリンピックは、事実、儲かる。
開催国にとっては、まさにビッグチャンスといっていい。

むしろ、「またムダな公共投資をして、けしからん」といっている人のほうが、私には滑稽に映る。

もちろん、この先に何が起こるかはわからない。一気に高まった投資熱がオリンピック後に冷え込み、景気が反動を食らう可能性もある。それでも、オリンピック前という時期に、何ができるかと飛躍のチャンスをうかがい、リスクをとって行動している人のほうが、ずっと気骨がある。しかも、おそらくそういう人ほど大きな成功を手にしやすい。

それに引き換え、オリンピック需要に文句ばかりいっている人は、いったい何なのだろうか。私には、東京という大都市でのオリンピックで、このチャンスの時期に何も考えず、手をこまねいているだけに見える。

3章

「公平な社会」は、こうして作られる

世代をまたいで平等な負担を
——「課税平準化理論」

国は、全国民の「持ちつ持たれつの関係性」で保たれている。

国家を運営するには、それなりの元手が必要だ。それを、いってみれば国民が少しずつ負担し合うことで、国は保たれているのだ。

そこで重要になるのは、負担の平等性だ。健康保険や国民年金は自分が払ったカネが、病気やケガをした別の誰かのために使われたり、高齢者の生活費になったりする。これらは、持ちつ持たれつというのがイメージしやすいだろう。

では、50年に一度、100年に一度の大災害、たとえば大地震が起こった際、膨大にかかる復興費は、どうしたら平等に負担を分け合えるのか。

そんな問いに答えるのが、これから説明する「課税平準化理論」である。

【図版20】課税平準化理論

～100年に一度の大災害、復興費はどうしたら
平等に負担を分け合えるのか～

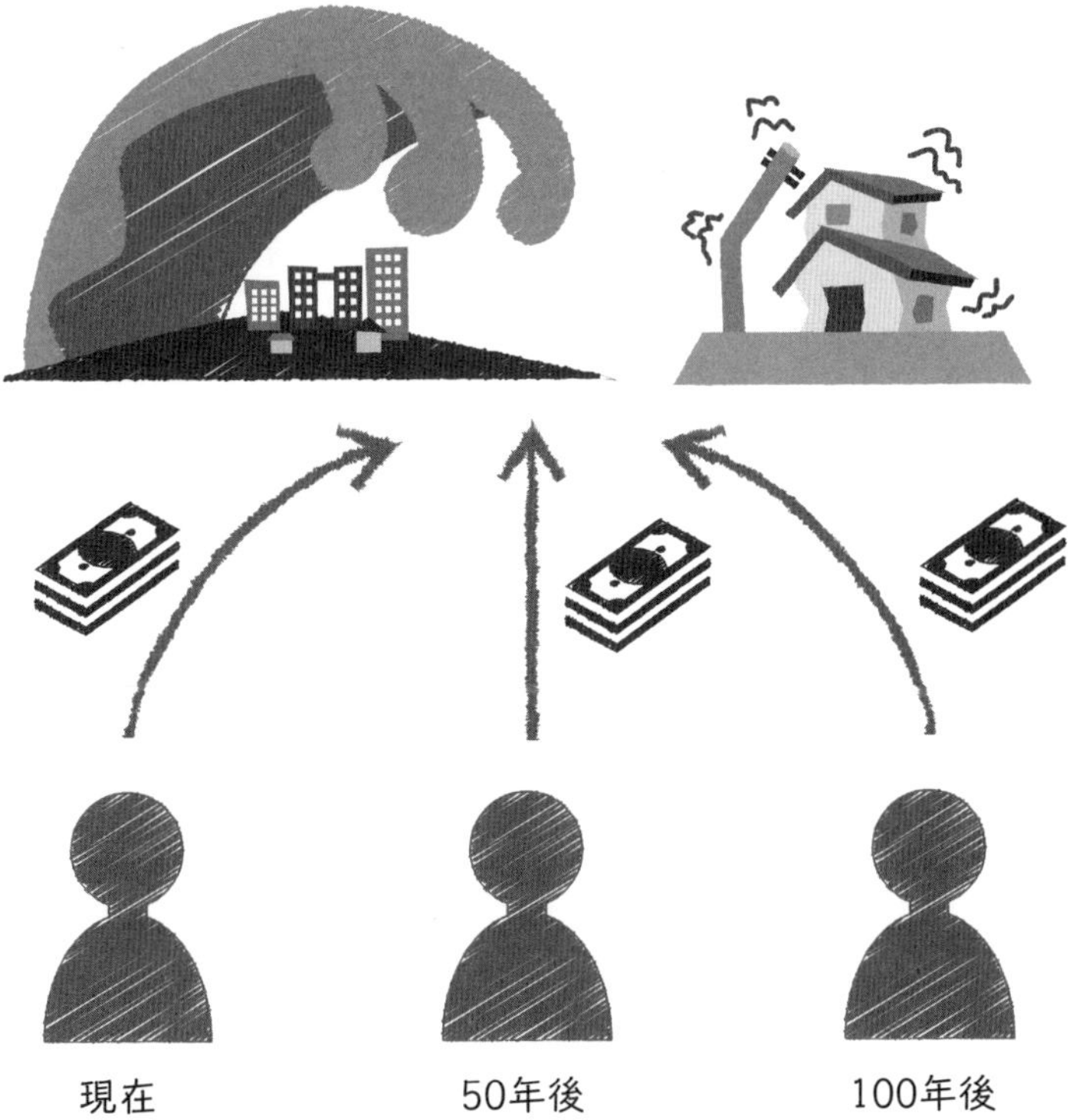

企業の設備投資と同じと考えればいい

大規模な自然災害は、甚大な損害をもたらす。

もちろん、大規模災害が毎年のように起こるのなら、毎年、全国民で復興費を負担し合うしかないが、東日本大震災並みの災害は50年や100年に一度だ。

それを、災害が起こった当代だけで負担するとなると、一人当たりの負担額は、当然、かなり大きくなってしまう。

しかも、復興は未来のためでもあるのだから、当代だけで負担するのは不平等ともいえる。

ここで**重要になるのが、「世代を超えた負担の平等性」**という視点だ。

つまり当代だけでなく、未来の人たちも含めて負担を分け合えばいい。仮に50年に一度の大災害が起こったら、今から50年間にわたって少しずつ、復興にかかる費用を払っていくということだ。

それには、**国債発行がもっとも適している**。

国債の償還期間は政府が設定できるから、50年に一度の大災害では50年債、100年に一度の大災害では100年債を発行すればいい。

国債の償還費の財源は税収だ。

つまり、これから50年、100年にわたって国民が支払っていく税金の一部が償還に当てられることになるから、世代を超えて、復興費の負担を平等にならすことができるのだ。

企業に置き換えると、よりわかりやすいかもしれない。

設備投資などの投資を行う際、企業はどうやって資金を賄うか。

たいていは営業利益から捻出するのではなく、民間金融機関に借金をする。設備投資は未来のためでもあるから、まず借金でまとまったカネを調達して、長期にわたって少しずつ返していくというのが適しているのだ。

国債は国の借金だ。
毎年の税収は、いわば国の営業利益に当たる。

たとえば、復興に10兆円かかると見積もったとする。

これを増税で賄おうとしたら、当代だけで、丸々10兆円を負担することになる。

そこで100年かけて返す借金、つまり100年債を発行し、民間金融機関などから10兆円を調達したら、すぐに使えるカネが10兆円できる。

同じ10兆円だが、増税と決定的に違うのは、100年債で調達した10兆円は、「100年かけて返していけばいい」という点だ。

そうなると、10兆÷100年で、1年あたりの負担は1000億円だ。

つまり、今から向こう100年間にわたって、国民が、1年に1000億円ずつ復興費を支払っていくことになる。

このように世代を超えて負担を平等にならしたほうが、一国の経済を健全に保ちやすい。

それを理論化したものが、課税平準化理論である。

長期国債を発行することで、かかる費用にあてる「課税」を、当代だけに負わせるのではなく世代間で「平準化」すればいいという意味だ。

このロジックが当てはまるのは、大規模自然災害だけではない。

ポイントは、「便益が長期にわたるかどうか」である。

たとえば、教育は、数十年単位の長い目で取り組む必要がある。今から優秀な人材を育てていけば、彼らは、ゆくゆく大きなメリットを社会にもたらすだろう。

また、インフラ整備なども、当代だけで費用を負担すると、未来の人たちはタダで使えることになるため不平等だ。

課税平準化理論が頭にあれば、これらにも長期国債が適していると、あたりまえのように考えられるはずだ。

これで「復興増税」の愚が理解できる

復興費を増税で賄うか、国債で賄うか。

ここまで説明してきたように、どちらの策をとるかで、国民一人ひとりの負担度合いは大きく違ってくる。

国債ならば、当代の納税者だけでなく、未来の納税者とも負担を分け合えるため、一人ひとりの負担額は、増税より大幅に抑えられるのだ。

どう見ても常識的な話だが、この真っ当すぎるロジックを無視して増税策をとった事例がある。

もう想像がついているだろう。

東日本大震災の後、時の民主党政権は、もちろん復興費を調達するために財政出動（国債発行）したが、あろうことか、同時に復興増税も行ってしまった。

本来ならば、被災地が経済的に大打撃を受けたぶん、他地域で経済を活性化させて、被災地の復興を支えるべきだった。ところが増税されたことで、国内経済が全体的に冷え込み、復興の足かせとなったことは間違いない。

経済学者の中には、復興増税に賛同した人も少なくない。

経済学者を名乗りながら、基本的な理論がわかっていないエセ学者なのか、いつだって増税したい財務省の御用学者なのか、いずれにせよ恥ずかしいことだ。

彼らは、増税が景気の足を引っ張り始めてから、ずっと口をつぐんでいる。

あるとき、**復興増税に賛成した学者のリストを出そうとしたところ、「載せないでくれ」と申し入れられた**こともある。

その中には、日本の指導的な立場にある経済学者が多く含まれていた。

そういう人たちが、初歩的な経済理論をわからないのだから、これまで日本人がノーベル経済学賞をとっていないのは仕方ないと思ってしまったくらいだ。

私などは、東日本大震災以降、大学などの経済学の授業で、課税平準化理論が扱われなくなるのではないかと思ってしまった。

直近に復興増税という失敗例がある中で、「大規模災害では長期国債で復興費を賄ったほうがいい」というのは、なんとも教えづらい。

学生から「では、東日本大震災後の増税はどうなんですか」などと聞かれたら、答えに窮してしまう。

私なら「世紀の愚策だ」と伝えるが、それができない先生も多いに違いない。

1つの政策で1つの効果
――「政策割り当て定理」

社会の課題解決や目標達成は、方程式を解くのと似ている。

知ってのとおり、方程式を解くには変数xの解を求める。連立方程式では、式が2つならx、y、式が3つならx、y、zなどと、式の数だけ変数がなくては、複数の式を同時に成立させられない。

これを社会の課題解決や目標達成に置き換えると、方程式が課題や目標、変数が手段（政策）だ。つまり**政治でも経済でも、1つの手段でできることは1つだけ**なのだ。複数の課題を同時に解決したい場合には、当然、課題の数だけ手段が必要となる。

それを理論化したものが、「政策割り当て定理」だ。

【図版21】政策割り当て定理

〜1つの手段でできることは、1つだけ〜

課題の数＝手段の数

・オランダの経済学者、ヤン・ティンバーゲン
（1969年／世界最初のノーベル経済学賞）が唱えた。

大阪は「船頭多くして船山に上る」の状態

1つの手段で解決できるのは1つだけ。裏を返せば、1つの課題を解決するのに、2つ以上の手段は必要ないということだ。

この政策割り当て定理のロジックからすると、明らかに無理筋を行こうとしているのは大阪である。

大阪府・市には、

①府全域の経済問題
②自治体レベルの身近な問題

がある。

これらを解決する手段として考えうるのが、大阪都構想だ。

府は①の問題、市は特別区として②の問題に対して方程式を書き、それぞれが解を求めれば、2つの方程式に2つの解となってスッキリ解決する。

ただ、現実にはそうなっていない。大阪府も大阪市も①と②の両方の問題に取り組もうとしている。つまり、2つの問題に対して4つの方程式が書かれ、府と市が好き勝手に持論を展開しているのだ。これでは、永遠に解は出ない。

この点、東京都では都全域に関わる問題は都政、自治体レベルの身近な問題は区政や市政が担当するという役割分担が、うまく成り立ってきた。

しかし、**大阪府・市の現状は、まさに「船頭多くして船山に上る」だ。大阪府民・市民は、非常に有害な状況であることを理解したほうがいいだろう。**

政府に「最低賃金アップ」を求めるナンセンス

世の中には課題や目標が山積している。それらを一挙に解決、達成できる秘策やカリスマを待ち望んでいるかもしれないが、現実は甘くない。

何度もいうが、1つの手段でできることは、1つだけである。

もちろん、1つの手段で1つの課題を解決したら、その影響で別の課題が解決されてしまうこともある。とはいえ、それはあくまでも「副次効果」であり、**1つの手段に多くを求めてはいけないのだ。**

たとえば最近、「最低賃金アップ」を国政に求める声が高まっているが、これこそ、政策割り当て定理の視点からななめにみると、かなりナンセンスである。

1章の「オークンの法則」で、経済に関して国が何とかできるのは、成長率を上げて失業率を極限まで下げることだけ、と説明した。

成長率アップによって失業率ダウンが達成されれば、放っておいても賃金は上がる。

たとえていえば、国語と英語と数学さえしっかり勉強しておけば、社会、物理、化学など、ほかの科目の成績も自然と上がる、それと同じだ。

だから、**経済政策を評価する際に私が見るのも、「財政政策と金融政策によって、成長率と失業率がどうなったか」という2点だけ**だ。あれもこれもと無闇やたらと問題を広げ、「何も解決していない」と糾弾するのは、頭の悪い人のやり方である。

経済が苦しいときは、つい、国に何とかしてほしいと思うものだろう。

ただ、最低賃金についても、闇雲にやるのはどうかと思う。

筆者が計算したところ、前年の失業率を5・5から差し引いた数より小さい最低賃金上昇率であれば、失業率を高めることはないので妥当だ。しかし、前年の失業率を5・5から差し引いた数より大きい率で最低賃金を引き上げるのは、雇用にとって悪影響になる。

企業からすれば、より多くの賃金を支払うことを義務づけられることになるわけで、雇用に消極的になっても不思議ではないからだ。

先ほどもいったように、すべてを一挙に解決する方法などない。

繰り返すが、国にできるのは、せいぜい経済成長を促すことで、失業率を下げるまでだ。

「せいぜい」とはいっても、この2つがそこそこ成功すれば、実質賃金アップなども時間差で自然と成し遂げられる。

要するに、**少ない手段でたくさんのことは解決できないが、少ない手段で少ないことを解決する意義は、非常に大きい。**

こういうことを、ちゃんとわかっておかないと、まともに政策を評価できないのである。

自分の好ましい地域に住む
——「足による投票」

民主主義国の国民には参政権があり、代議員を選挙で選ぶことができる。それは誰もが知っていることだと思うが、別の投票の形もある。それが「足による投票」だ。どういうことかというと、「住む場所を選ぶ」という形の投票である（住民に好ましい首長を選挙で選ぶのは「手による投票」）。

地方には、国の法律を侵さない限りにおいて、自治権が認められている。自治権とは文字どおり自治する権利、つまり地域によって制度が異なるのだ。

たとえば子育て中ならば、子育て支援が手厚い地域に住む。介護中ならば、介護に関する制度が整っている地域に住む。

このように、「地方行政が自分のニーズに応えてくれるかどうか」で、住む場所を選べばいいというわけだ。

【図版22】足による投票

～住む場所を選ぶ～

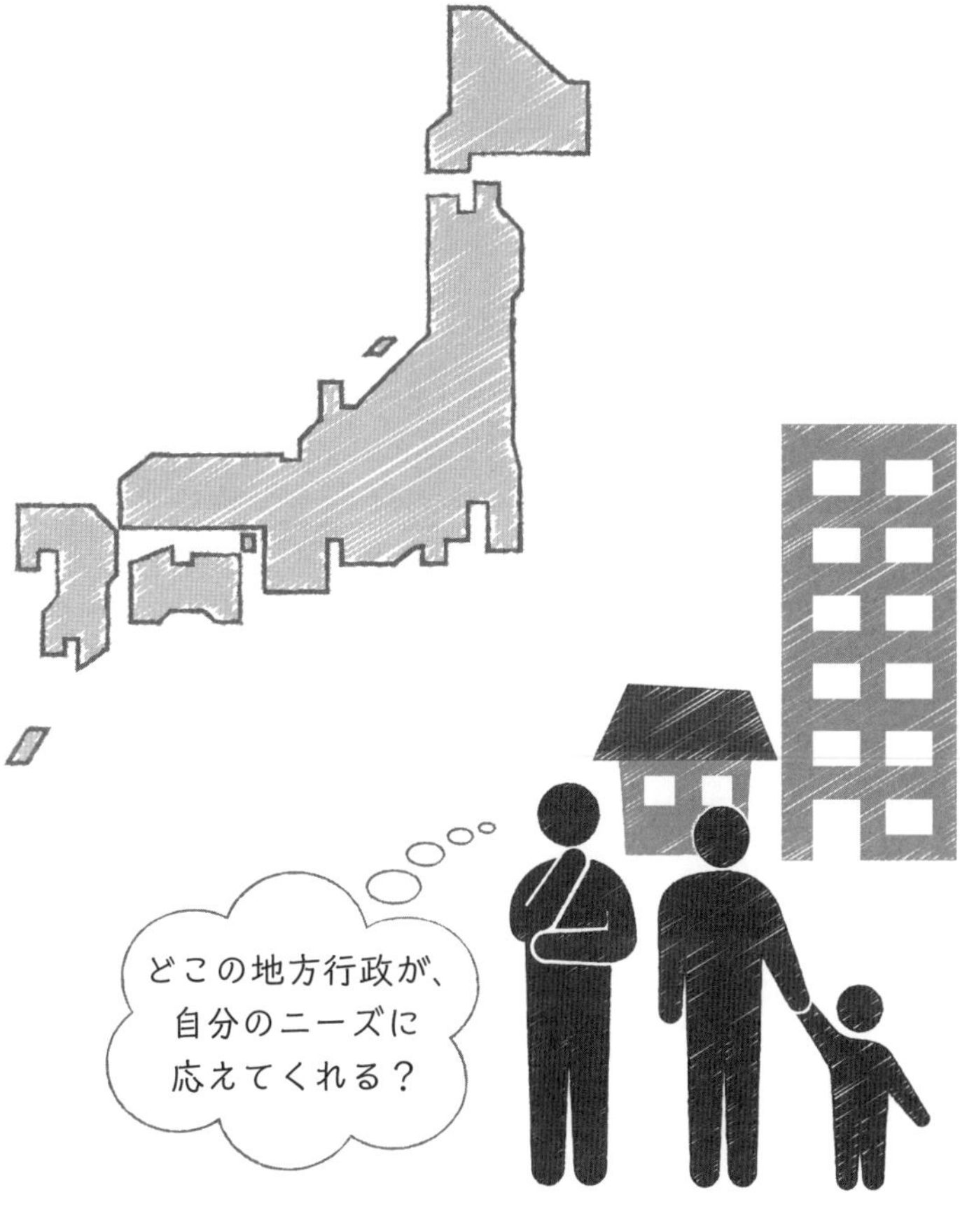
どこの地方行政が、
自分のニーズに
応えてくれる？

・アメリカの経済学者、チャールズ・チボーが 1956 年に唱えた

「ふるさと納税」は「寄付による投票」

自分の生活上のニーズに応えてくれる地域に住む。好ましい行政を提供してくれる自治体に住民が移動すれば、それだけ、その自治体の税収は上がる。したがって、好ましい行政を提供する自治体ほど生き残る。

この「足による投票」は、「手による投票」とともに、よりよい自治体運営を目指すために欠かせない。

これを地方自治体への寄付に応用したのが、「ふるさと納税」だ。

このきっかけになったのが、当時の菅義偉《すがよしひで》総務大臣の言葉だった。

「ねえ、髙橋さん、自分は田舎出身だけど、今は都会に住んでいて都会に納税している。田舎に納税できないかねえ」

それを聞いた私は、官邸で菅総務大臣の気持ちを実現する仕組みを考えた。

どこかの自治体に寄付をして、その分、寄付金額を税額控除し現住所での納税額を減らせればいい。その仕組みを菅大臣が実行した。

自分が選んだ地方自治体に直にカネを送れるという点で、これは、足による投票を後押しする制度だと私は考えている。

ふるさと納税が、単なる寄付と異なるのは、カネを寄付した自治体から、特産品などの返礼品が届くこともあるという点だ。ただし、これは、あくまで寄付を受けた自治体の判断であり、制度として組み込まれたものではない。

自然災害の被災地など、返礼品が設定されない場合もある。

この場合は、純粋な寄付となるが、赤十字などの寄付団体を介さず、自分がサポートしたい地域に直接カネを送れることから、新しい寄付の形としても機能している。

そして地方自治体に送ったカネは、確定申告で寄付金額のかなりの程度が税額控除の対象になる。詳しい説明は割愛するが、税額控除は、所得控除よりも、支払う所得税が格段に低くなる。

つまり税制上、相当な優遇措置を受けられるのだ。

こうした「見返り」「税制上の優遇措置」を設けることで、居住地以外へのカネの還流が促進されれば、地域間格差の縮小にもつながる。

そういう意味で、**ふるさと納税は、地域間の富の再配分の仕組み**といえる。

経済理論として、「富の再配分をしたほうがいい」ということを証明するものはない。

その意味で、「再配分」は人々の価値観に基づくものであり、理論的にどこまでの再配分が望ましいのかについてはいいにくい。

ただ、一箇所に集まりがちな富をどうしたらいいかというと、おそらく、「再配分して平等にしたほうがいい」と考える人のほうが多いだろう。

ならば、地域間格差をなくすために何をしたらいいか、どんな仕組みを作ったらいいかと考える。

もっとも手っ取り早いのは、中央に集められたカネを、トップダウンで機械的に再配分することだ。だが、人々の暮らしに関わることなのだから、多少は、国民の意向が反映されたほうがいいだろう。

そうなると、誰でも好きな地域にカネを送れる仕組みがあればいいが、それだけでは、おそらく個々人の意識は高まらず、再配分はなかなか促進されないだろう。

では、カネを送った地域から「お礼の品」が届くようにしてはどうか。それならば、返礼品を目当てに地方自治体にカネを送る人が増えるはずだ。動機としては不純かもしれないが、地方格差を小さくする手段としてはもっとも合理的だ。

こうして発案し、導入されたのが、ふるさと納税だったのだ。

既得権益にこだわる総務省の「後出しジャンケン」とは

ところが制度導入から9年、水を差す動きが生じた。

２０１７～18年、返礼品が「豪華すぎる」「寄付を受ける地方の産品ではない」といった声を受けて、総務省が「寄付金の３割以下の地場産品」にするよう自治体に指導した。

それればかりか、２０１９年の地方税法改正では、こうした条件を満たす地方自治体を、募集を適正に実施する地方自治体として指定するとされたのだ。

総務省の「指導」が、法的に明示された「条件」となったわけである。

しかし、寄付を受けた自治体が、どのような返礼品を送ろうと、地方自治体の自由だ。これが制度設計者としての私の考えである。

もちろん自由には責任が伴う。

そこで自由が一人歩きしないために規制が必要だとしても、それを総務省が行うのは余計なお世話で、あくまで地方自治体がルールを決めるべきだ。

返礼品は地方自治体の財政支出なのだから、返礼品が適切かどうかは、寄付を受けた自治体と、その住民が「適切な財政支出」という観点から判断すればいい。

さらに理不尽なのは、２０１９年に、ふるさと納税の収入が多い4自治体に対する２０１８年度特別交付税の３月配分額が減額されたことである。減額は、それぞれ1億９５００万円、７４００万円、2億３３００万円、2億９００万円と、どれも高額だ。

普通交付税、特別交付税からなる地方交付税は、そもそも自治体の財政格差を調整するためのものだ。交付額を決める算定ルールは、総務省省令で決められている。それまで、ふるさと納税は税収とは別にカウントされていたため、地方交付税の算定とは無関係だった。

ところが突如として、ふるさと納税の寄付金額が、その自治体の「税収」として算定されることになった。

そのために、件の4自治体は「より多く税収があった」と見なされ、交付金を減らされてしまったというわけだ。

このように後からルールを変えるのは、ルール違反である。しかも、おカミの総務省が決めたとあっては、自治体は不満でも従わざるを得ない。

要するに、総務省は地方自治に口を出すという出過ぎた真似をし、それだけでは飽き足らず、

「後出しジャンケン」で地方自治体の権利を削っているのだ。

これは、既得権益にこだわり、全国の自治体を「上から目線」で管理したい総務省が、ふるさと納税においても幅をきかせようとしているのではないか。

そんな邪推も働いてしまう。

地方分権の基本のキ——「補完性原理」

通常、一国の行政機関が政府だけということはない。

世界中のどの国にも、政府と地方自治体がある。日本も、日本政府、47都道府県、さらに市区町村と、おおよそ3段階に行政区分が分かれている。そして地方自治体は、区議会、市議会という具合に、それぞれに独自の行政機関をもっている。

あたりまえの話だが、あえて理由をいえば、個々の地方自治体の問題まで政府が面倒を見ようとしたら、とてもではないが追いつかないからだ。

国全体に関わることは政府、地方に特有のことは地方で取り組む。そうしたほうが効率的だし、細やかに行き届いた行政が可能になる。このように、**国と地方とで行政機能を「補完」し合うというのが、「補完性原理」**である。

【図版23】補完性原理

〜国と地方とで行政機能を「補完」し合う〜

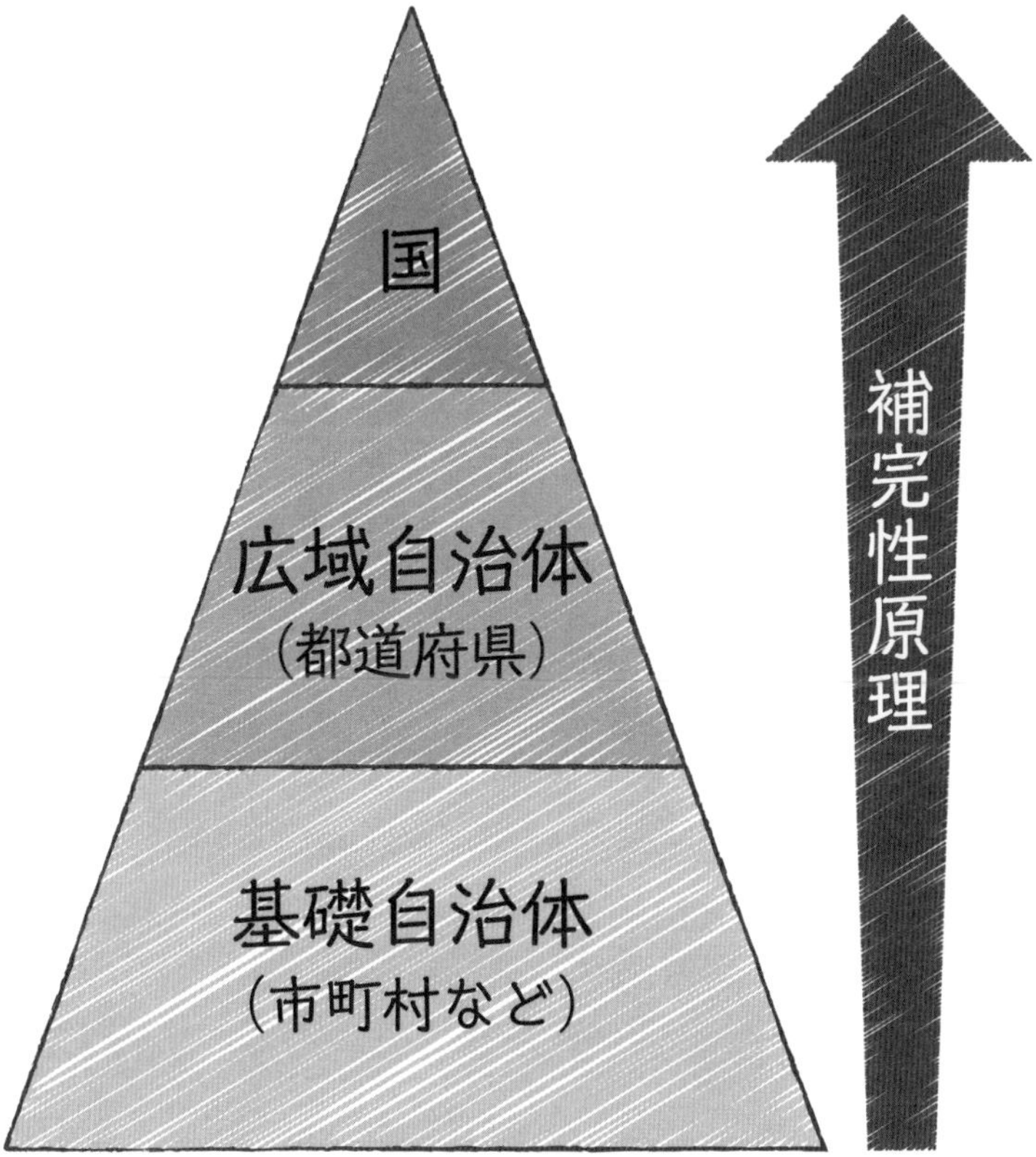

行政は「分担」するのが望ましい

政府、都道府県、市区町村。行政は、これらの区分のなかで、ちょうどいい具合に分担することが望ましい。国全体のことは政府が行い、都道府県のことは都道府県、市のことは市、区のことは区……という具合だ。基礎的な業務は地方自治体で行い、地方自治体でできない範疇のことは政府で行うということだ。

また、EUと加盟国のあいだの原則としても、補完性原理が採用されている。この場合は、EU全体に関わることはEUで、加盟国のことは加盟国で行う、という分担になる。

このように、補完性原理のロジックそのものはシンプル極まりないが、これが、どこでもうまく回っているとは限らない。

一例を挙げると、教育だ。

都道府県に「区」があるところは多いが、「区立校」があるのは東京23区だけである。

たとえば、神奈川県横浜市は、人口375万人の巨大都市であり、18個の区を擁する。

しかし、（横浜市の）「青葉区立校」や「中区立校」はない。すべて「横浜市立校」だ。ビッグシティだから、学校の数も相当である。

学校が横浜市立だけということは、教育委員会も横浜市教育委員会だけだ。だが、1つの組織に対して、学校の数が多すぎる。そのため、教育委員会が個々の学校の状態などを把握しきれず、教育行政が横浜市立校すべてに行き渡りにくいという難点があるのだ。

教育行政を綿密にするには、本当は市立校を区立校にして、教育委員会も区ごとに作ったほうがいい。市民の便益を考えれば当然の話だが、そうならないのは、おそらく、今ある権限を失いたくない人たちがいるからなのだろう。

横浜市はほんの一例で、大きな市は、どこも同様の問題を抱えていると考えられる。

要するに、**市と区とで補完性原理が機能しておらず、地域行政が綻んでしまっている。**教育行政は、その典型例なのだ。

ではここで1つ、考えてみよう。

少し前にツイッターに投稿された「日本死ね」でも話題になった「待機児童問題」は、どこで取り組むべきか、わかるだろうか。国会議員の中には、待機児童問題に取り組むことを掲げている人もいるが、とうてい政府では対処しきれない問題だ。待機児童問題が社会問題化しているから、格好の「集票機」として利用されたのではないかと疑いたくなる。

数々の行政課題のなかでも、待機児童問題は、かなり地方色が現れやすい問題だ。

政府が待機児童問題に取り組むとしたら、厚生労働省の管轄となる。

では、はたして厚労省は、有効策を打つために、どれほど待機児童のデータなどを把握しきれるだろうか。保育園を新設するにしても、ただ数を増やせばいいわけではない。保育園の数だけが問題ではない地方自治体もあるはずだ。各々の事情があるものを、肝心の現地の事情が見えていない政府が主導したら、ピント外れなことになりかねない。

どの点を見ても、**待機児童問題は、政府ではなく都道府県、市区町村で取り組まなくては解決できない問題**なのだ。

「台風直撃中の内閣改造」は、人非人の所業?

ちょうど本書の制作に取り掛かったころの2019年9月、巨大化した台風15号が関東地方を襲った。

とくに千葉県に大きな被害をもたらし、その後しばらく断水や停電が続いた地域もある。

そんな巨大台風が迫り、上陸した折、永田町では内閣改造が行われていた。

すると、SNSを中心に「内閣改造より台風対策をしろ」「国民の安全より内閣人事を優先するのか」「内閣改造のせいで被災地への対応が遅れ、被害拡大を招いた」といった批判が吹き荒れた。こうした批判は、読者もたびたび目にしただろうし、なかには「もっともだ」とうなずいた人も多いかもしれない。

だが、すべてお門違いな批判である。

補完性原理を知った今なら、なぜお門違いかわかるはずだ。

台風対策は、地方自治体が行うべきことである。

都道府県、市区町村が協力して台風の対策を練り、台風通過後には被害の状況を把握し、差し当たっての対応をする。そして被害状況から、復興に必要な費用を算出して国土交通省に届け出て、それを受けた財務省が予算を振り分ける。自衛隊も、都道府県、市区町村からの依頼があって初めて、政府が派遣を決める。

つまり、今まさに台風が直撃している、あるいは台風が通過したばかりというタイミングで政府にできることは、ないに等しい。むしろ、地方自治体が対応に追われているときに、無闇に政府が被害状況などを問い合わせたり、状況把握もないまま、一方的に自衛隊を派遣したりするほうが迷惑だ。ただでさえ忙しい現場に混乱を起こし、それこそ被害拡大を招きかねない。

災害対策でもっとも重要なのは、もちろん人命を守ることだ。それは現地にあって、臨機応変に対応できる地方自治体の行政機関にしかできないことであり、中央にいる政府にできるのは、地方自治体の事後のフォローなのである。

現に2019年の台風15号では、5000億円ほどある予備費から13億2000万円を千葉県に振り分けることを政府は決めた。

もし台風15号の対策に不備があったとしたら、責めを負うべきなのは、千葉県知事である。

実際、だいぶ後になって、普段からの森田健作・千葉県知事のずさんな仕事ぶりが明らかになり、政府への攻撃は少し止んだようだ。だが私にいわせれば、政府を責めること自体、最初から間違いだったのだ。

なお、余談だが、12月になってから、森田知事は、台風直後、災害対策本部設置翌日の9月11日に都内へ私用で外出し、同13日には都内で散髪していたという情けない事実が明らかになった。

今後、こうした自然災害や社会問題に直面したら、「これは政府が取り組むべき問題か、それとも地方自治体が取り組むべき問題か」と考えてみるといい。

感情論ではなく冷静かつ真っ当に、行政を評価できるようになるだろう。

4章

シンプルなロジックで「バカ」を一撃で倒す

中央銀行は政府の子会社である――「統合政府バランスシート」

突然だが、想像してほしい。

A社という大企業がある。そしてA社にはａ社という子会社がある。

さて、A社の経営の健全度を測るには、何を見るだろうか。

会計学をかじったことのある人ならば、すぐにわかるはずだ。A社とａ社は別会社だが、会計上は一体と考える。だから、バランスシート（資産と負債をまとめた会計書類）を合体させた「連結バランスシート」を見るのだ。実際、たとえば「トヨタ自動車の経営」を見るときには、トヨタ自動車の単体ではなく連結財務諸表で見ている。

この関係性は、そのまま政府と中央銀行の関係性にも置き換えられる。

一国の財政状況は、政府と中央銀行のバランスシートを連結させて考えるのが国際常識だ。

それが、「統合政府バランスシート」である。

【図版24】統合政府バランスシート

〜国の財政状況は、政府と中央銀行のバランスシートを連結させる〜

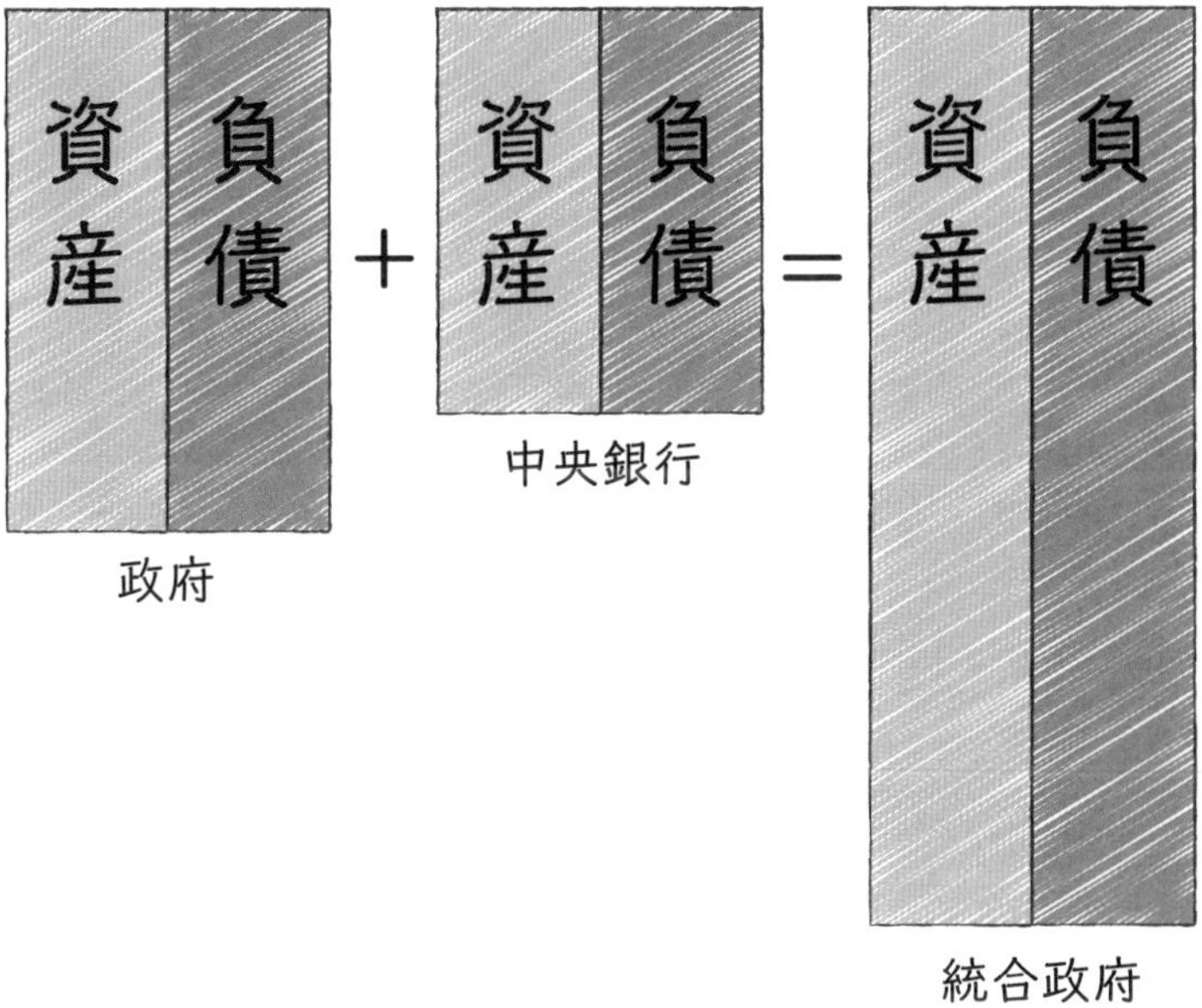

「日本は財政難」は、なぜ間違いといえるのか

かねてより「日本は深刻な財政難に陥っている」という指摘がある。

このままでは日本財政は破綻する、破綻する、と叫ばれながら、実際には破綻していないし、今も破綻する兆しは露ほどもない。

それでも、相も変わらず日本財政破綻論は根強くある。

いつから出始めたものだか、もはや思い出せないくらいだ。これはもちろん、ずっと「破綻する」といわれながら破綻していないことへの皮肉だ。

私の記憶では政府が財政危機を言うときには、世間にショックを与えるという意味であり、会計的な意味での財政が危ないときではない。一部では、バブル崩壊後に村山内閣で「財政危機宣言」が出されたといわれるが、私には記憶がない。

「日本政府の借金は１０００兆円にものぼる」

「このまま借金がかさみ続ければ、日本財政は破綻する」

財政破綻論者は、決まって、このように「国の借金」を問題視する。

国の借金とは、つまり、日本政府の国債発行額が1000兆円にも上っていることを問題視しているのだ。

借金だから、もちろん返さなくてはいけない。国の借金の返済には税金が当てられる。「膨大な借金を次世代に負担させるな」といった主張もよく耳にすると思うが、それは、次世代の税負担を大きくするなということだ。

私は、こうした財政破綻論や、それにともなう「国債発行額の増大はけしからん」「深刻な財政難にある日本の国債は近々、大暴落する」という言い分に、ずっと反論してきた。

ざっと論点を挙げれば、次のとおりだ。

政府が国債を発行して国家を運営するのは、企業が借金して事業や設備投資を行うのと同じであり、「まったくもって正当」である。

「負債もあれば資産もある」という点においても、国は企業と同じであり、借金＝国債発行額だけを取り立てて「破綻する」と騒ぐのは、物事の一面しか見ていないナンセンスなとらえ方である。

国債には「他の商品と交換しやすい金融商品」という一面がある。

そのため、もし「国債を発行するな」といった倹約思考で国債が発行されなくなり、金融市場に国債が出回らなくなったら、金融機関は商売が成り立たなくなってしまう。

日本国債は金利が低い。

これは、日本という国が「低金利でもお金を貸してもらえる国」であることを意味する（信頼度の低い人は銀行ではお金を借りられず、高金利のヤミ金に頼ることを想像すればわかるだろう）。

日本国債は信頼度が高い、つまり、ほぼ確実な安全パイと見られているということだ。

したがって、「日本国債は近々、大暴落する」とは考えられない。

また、日本の国債発行額はＧＤＰの２００％になっているが、これは「発行されすぎ」ではない。

需要と供給の関係で、買い手が少なければ、より買い手に有利な条件をつけなくてはいけない。すなわち国債の金利は上がる。現在、日本国債の金利は低いまま取引されている。

これは、まだまだ民間金融機関が国債を欲しがっているということだから、国債発行残高に問題なしと見ていい。

このように「あの手この手」で説明するのは、それだけ、筋の通らない財政破綻論の「自称・根拠」があるからなのだが（実際、よくもここまでと感心してしまうほどだ）、本当は、１枚の

【図版25】日本の統合政府バランスシート

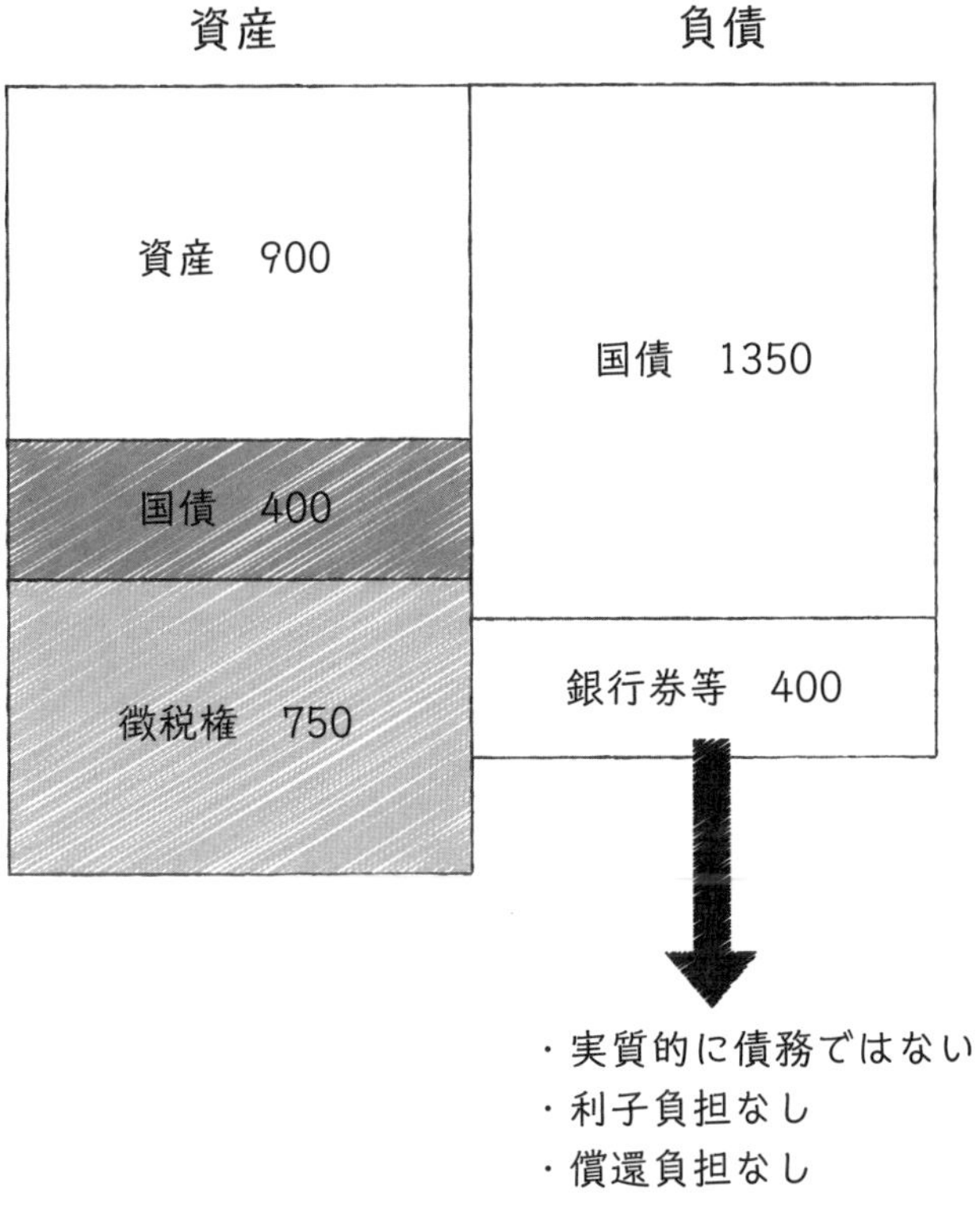

（資料）国の財務書類（財務省）より著者試算／（単位：兆円）

統合政府バランスシートを示せば済んでしまう話なのだ。

まず前提として、国には負債もあれば資産もある。

だから、負債に入る国債だけを見て騒ぐのはナンセンスだということは先ほども述べた。

さらに、日本政府には日本銀行という「子会社」がある。

それらを結合させた日本の統合政府バランスシートを作ると、【図版25】（p153）のようになる。

すると、どうだろう。

「統合政府バランスシートを見ると、日本財政は安泰といえる、以上」

この1行で終わってしまうのだ。

国債発行額を問題視し、国債を悪者扱いし、財政破綻論を主張する人たちは、日本政府と日本銀行を「会計上、一体のもの」として見ていない。これは、A社という企業と、その子会社a社をまったくの別ものと見ているのと同じだ。

単に、統合政府バランスシートを知らないだけなのかもしれないが、一般人ならばともかく、テレビなどで、訳知り顔で経済を解説する人が知らないようでは、さすがにまずいのではないか。

そう考えて、「日本政府と日本銀行は別」と言い切っていた、ある有名人に「ぜひ議論しましょう」とツイッター上で呼びかけたこともあるのだが、いまだにオファーはない。

それはともかくとして、統合政府バランスシートさえわかっていれば、「日本は財政難だ」という不安も危機感もあっさり解消してしまう。

「財政難だから増税も致し方なし」という、財務省のまやかしにもダマされずに済むのだ。

税金は「誰が」「何のために」使うのか
――一般財源と目的税

国民には納税の義務があるが、納めた税金は、誰が、何のために使うのか。

ここで、まず思い出してほしいのが、補完性原理（p140）だ。国のことは国で、地方のことは地方で取り組むという、一種の役割分担論だと説明した。

国のことにも地方のことにも、もちろん、カネがかかる。

その財源は税収だから、国民が払う税金は、国が使っていい税金と、地方が使っていい税金とに分かれている。

それが、「一般財源と目的税」という区分けだ。

国が使っていい税金は目的税、地方が使っていい税金は一般財源である。

一般財源については、国か地方か、どちらが税収を予算化するのかという議論が起こることもあるが、地方分権が進んだ国では、地方の税収としている国が多い。

【図版26】一般財源と目的税

～国が使っていい税金“目的税”と地方が使っていい税金“一般財源”～

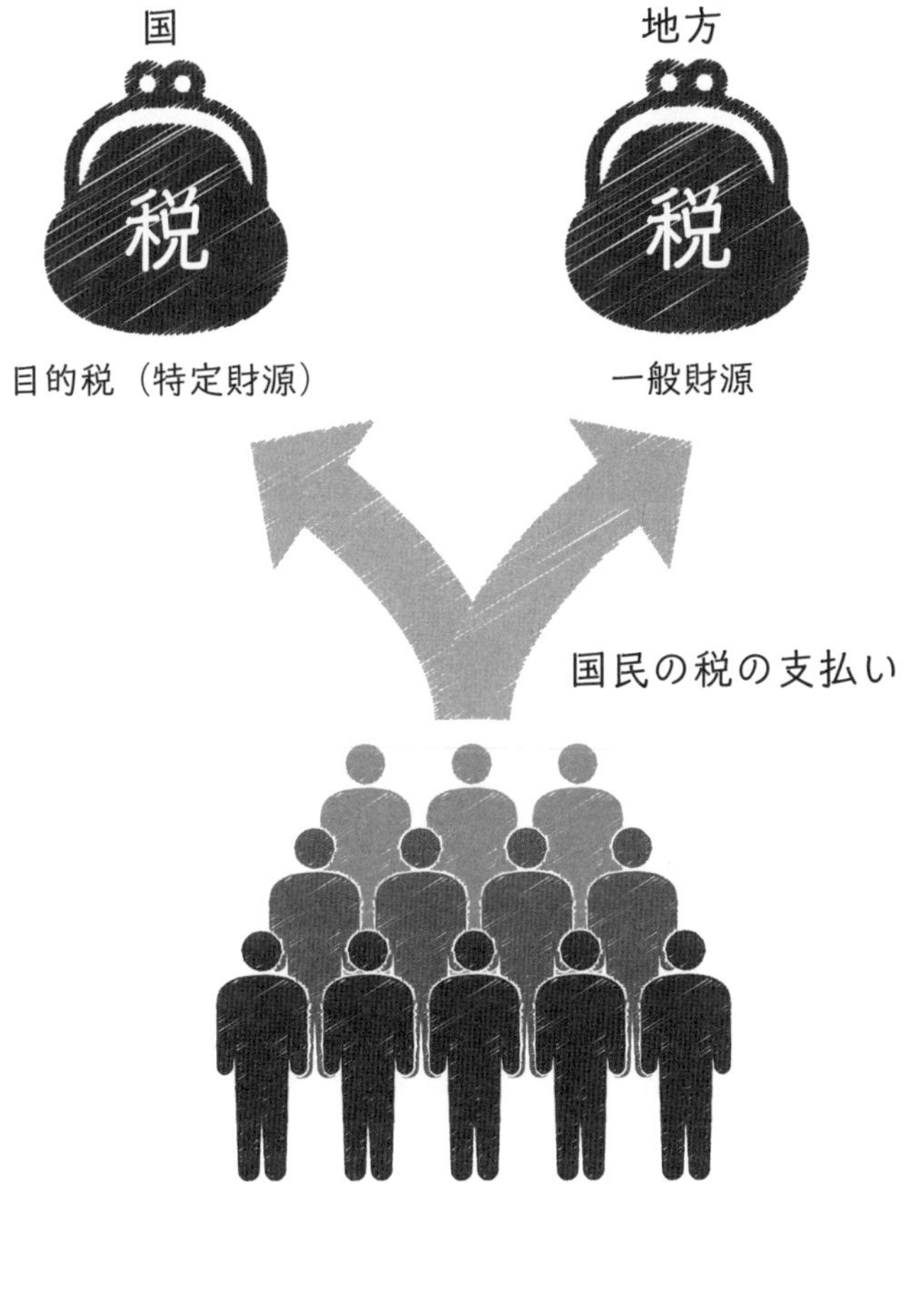

「応益税」と「応能税」も頭に入れておこう

国が使っていい税金は目的税であり、地方が使っていい税金は一般財源。

この税理論に加えて、「応益税」と「応能税」という税理論も合わせて考えると、税というものを、より的確に考えられる。

税金は行政の業務に使われるが、国と地方とでは業務の役割が違う。

地方行政の役割は、基礎的な業務、行政サービスを滞りなく行うこと。

たとえばゴミ収集である。

ゴミが定期的に収集されないと住民は困る。その他、水道や教育、消防、福祉なども地方自治体が責任をもって行うべき行政サービスだ。

これらの対価として支払う税を、「受ける役務（行政サービス）に応じて払う税」という意味で応益税と呼ぶ。

ゴミ収集も水道も教育も消防も福祉も、すべての行政サービスは、「景気の良し悪しなどに左右されてはいけない業務」だ。

そして「景気の良し悪しなどに左右されてはいけない業務」には、同じく「景気の良し悪しなどに左右されない税収」が必要だ。

たとえば消費税は、そんな応益税に適する税の筆頭である。その他、固定資産税、事業税、石油ガス税、印紙税、自動車税、森林税、住民税（均等割）なども応益税だ。

消費税についていえば、景気によって消費は加熱したり冷え込んだりするものではあるが、生きている限り、誰もが「いっさい消費しない」ことはできない。だから消費税は、比較的、景気の良し悪しなどに左右されない税収といえるわけだ。

いってしまえば、地方自治体の行政サービスに使われる消費税は、そもそも「地方税」であったほうが話は早いのだ。

地方自治体は、国よりも徴税能力が劣る。

しかも、どこに住んでいても人は消費するから、消費税の税収には地域差が出にくい。さらには、消費税を地方税にすれば、国から地方に配分される地方交付税をかなり少なくできる。

このように、地方分権を進める意味でも、消費税を地方税とするのは理に適っているのだ。

諸外国を見てみると、地方分権が進んだ国の多くが、消費税（「付加価値税」「売上税」など含む）を州（地方自治体）の税収としている。

だが、方式はさまざまだ。

たとえば、オーストラリアは、国が消費税を課税し、税収を州に分けている。ドイツは、国と州が共同して課税し、人口によって州の税収を配分している。また、カナダでは国が消費税を課税し、その上にさらに州が課税する方式をとっている。アメリカは、国ではなく州、郡、市が消費税を徴収しており、州によって税率が違う。EUでは、補完性原理（国のことは国で、地方のことは地方で取り組むという理論）でも説明したように、EUとEU加盟国との間で補完性原理が採用されている。そのため、国ごとの消費税も、EU内の各「地方」が徴収していると考えていいだろう。

そして日本では、消費税はいったん国に吸い上げられ、地方交付税や地方特例交付金として各地方自治体に分配される。

このように国によって方式は違えども、消費税は一般財源であり、応益税の代表格として、地方自治体が行政サービスを滞りなく行うために使われるべきもの、と定義できる。

応益税と対をなすのが、応能税だ。

もう想像がついているかもしれないが、応能税は「負担能力に応じて払う税」であり、所得の

【図版27】応益税と応能税

〈応益税〉

ゴミ収集、水道、教育、消防、福祉……
すべての行政サービスは、
「景気の良し悪しなどに左右されてはいけない(業務)」

↓

「景気の良し悪しなどに左右されない税収」が必要

Ex. 固定資産税、事業税、石油ガス税、印紙税、
自動車税、森林税、住民税(均等割)など

〈応能税〉

負担能力に応じて払う税

↓

所得の再配分政策を担う、
国の業務に向いている

Ex. 所得税、法人税、相続税、贈与税、住民税(所得割)

再分配政策を担う国の業務に向いている。

たとえば所得に応じて額が決まる所得税や、会社の規模によって決まる法人税は、応能税の代表格だ。相続税、贈与税、住民税（所得割）なども同様の性質で、応能税である。

「消費増税のウソ」も、これで明瞭

一般財源と目的税、応益税と応能税を頭に入れておくと、消費増税のウソも明瞭に見えてくる。

私は政策論者として、基本的に、いかなるときにも増税には反対である。

なぜかといえば、単純な話だ。

景気が冷え込んだら緩和策、景気が熱しすぎたら緊縮策、これで済むからである。つまり、景気対策に税を使うのは理に適っていないのである。

ましてや景気が悪いときの増税は、疲れ果てている人に足をひっかけて転ばせるようなものだ。

もちろん、ようやく不景気から立ち直りつつある時期の増税も同様だ。

景気が落ち込んだら、財政出動と金融緩和をして、経済成長を促せばいい。

そうすれば失業者は減り、国民の所得も上がって、結果的に税収は増える。国民の懐を温めな

がら税収アップできたら、上出来の国家運営ではないか。

これが私の、そもそもの立場なのだが、２０１９年10月の消費増税は、税理論に照らしても、過ちといわざるを得ない。

もっといえば、２０１４年４月の消費増税も間違っていた。

財務省が盛んに主張していた消費増税ロジックは、「増大する社会保障費に消費税をあてるため」というものだった。財務省が勝手に主張していただけでなく、ついには「社会保障と税の一体改革」なるものまで成立してしまった。

だが、税理論が頭にあれば、「社会保障にあてるための消費増税」というロジックが矛盾していることもわかるから、一撃で倒せるのだ。

景気の良し悪しなどに左右されない消費税は、地方自治体の行政サービス運営のために使われるべき一般財源であり、応益税だから、国の課題である社会保障費の穴埋めにあてられるべきものではない。

だから、「社会保障費にあてるための消費増税」は筋が通らない、というわけだ。

加えて、消費税には、「低所得者ほど、所得に占める税負担率が大きくなる」という逆進性がある。

２０１９年の10％への引き上げでは、軽減税率を設けて「生活必需品には増税なし」、したがって「低所得者の税負担は大して増えない」という建前がある。

だが、２０１４年の消費増税は、５％から８％への一律引き上げだったため、確実に消費税の逆進性は多少高まった。

このように**消費増税には、低所得者の生活を、さらに苦しくするという性質**がある。

それをもって社会保障費を穴埋めしようとすること自体、じつは大きく矛盾しているのだ。低所得者を苦しさから救い上げたいのか、突き落としたいのか、わけがわからない。

では、消費増税が向いていないとしたら、現に増大している社会保障費はどうしたらいいのか。税理論を理解した今なら、もうわかるだろう。

社会保障は基本的には再分配機能をもつので国の業務だ。

しかも、そのほとんどは保険として扱われている。

このため、社会保障費は保険料、つまり税としては目的税で賄われるべきだ。

ただし、それでは所得が低い人は保険料を払えなくなるので、その部分は金持ちから累進所得税で賄う。

要するに、目的税の性格のある社会保険料と、個々の支払い能力に応じて支払われる応能税の所得税を財源とする。

ごくあたりまえかつシンプルな税理論に従えば、これ以外の結論はない。

年金制度は破綻しない
――「賦課方式」「保険数理」

納税と並ぶ国民の義務に「労働」がある。私たちは労働をして自らの生活費を稼ぎ、その一部を納税し、政府の国家運営のコストを払っている。

だが、何歳になっても、若いころと同様に働けるわけではない。となると、長生きすればするほど、生活費に事欠くというリスクがある。

国家の責任として、国民にそんなリスクを背負わせてはいけないから、**一定年齢に達してからは、国が生活費をサポートしてくれる。それが年金だ。**

現役世代が払っている保険料は、高齢者に支払われる年金になっている。これを「賦課方式」という。現役世代がどれくらい払い、年金受給者がどれくらい受け取るかは「保険数理」で組み立てられており、年金制度は破綻しないように設計されている。「賦課方式」と「保険数理」が重要なワードであるが、まずは「保険数理」だけに注目しておけばいい。

【図版28】「賦課方式」と「保険数理」

～年金制度は破綻しない～

●賦課方式

現役世代が納付した保険料を、
現在の年金受給者に給付

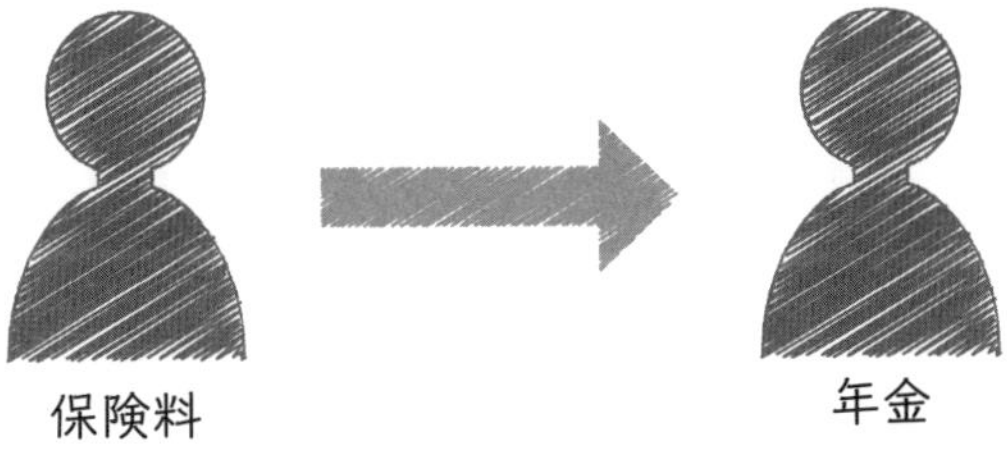

※給付時の物価や生活水準に見合った金額が受け取れる

●保険数理

長期的に給付と負担のバランスをとる仕組み

「年金＝保険」というあたりまえの話

「年金は近い将来に破綻する」というのは、よく聞く言説ではないだろうか。

「だから、真面目に保険料を払うと、将来、損をする」「年金は枯渇するから、自分たちの世代はもらえない」なんて主張まで半ばまかり通っており、実際に保険料を払わない人もいるらしい。

結論からいえば、**「年金制度は破綻する」という主張には、何ひとつロジカルな根拠が見当たらない。**

もし本当に年金制度が破綻するとしたら、こんな妄言を真に受けて、保険料を払わない人が大多数になったときだ。真面目に払っている人が大多数である限り、年金制度は破綻しないのである。

なぜ破綻しないのかというと、年金は保険数理によって破綻しないように（つまり、真面目に払っている人が、将来、ちゃんと年金を受け取れるように）組み立てられているから、としかいいようがない。

それでは納得がいかないだろうから、もう少し説明しておこう。

保険数理で成り立つ年金を理解するうえで、もっとも基礎となるのは「年金＝保険」という考え方だ。

読者も、何かしらの保険に入っているだろう。

たとえば、ガン保険などの医療保険は「病気になったときの保険」、生命保険は「自分が死んでしまったときの保険」だ。いずれも「将来、確実に病気になったり、早く亡くなるとは限らないが、もし、そうなったら」に備えて入っておくものだ。

もし病気になったら、医療保険で医療費を補填する。

もし、自分が早くに死んでしまったら、生命保険で家族が当面の生活を賄えるようにする。

そんな「もしも」のときに金銭的に困らないよう、先んじて保険料を払っておくという仕組みである。

保険が貯金と異なるのは、自分が支払った保険料が、自分と同じ保険に入っている人のうち、今まさに病気になっていたり、大黒柱を亡くしたりした人に回っている、という点だ。そしてもし、自分が病気になったり死んでしまったりしたら、自分と同じ保険に入っている人が払っている保険料が、自分や家族に回ってくる。

自分に「もしも」が起こらなければ、保険料は払ったきりになる（掛け捨て型の場合）。

ここまでは、誰もが理解していると思う。

では、「年金＝保険」と考えてみると、どうだろう。

気づいていない人もいるかもしれないが、「ねんきん定期便」を見ると、「これまでの保険料納付額」といった記載がある。

年金として払っているカネは、つまりは保険料なのだ。

だとすると、年金は何のための保険か。

医療保険は「病気になったとき」のための保険、生命保険は「自分が死んでしまったとき」のための保険。

そして**年金は、「自分が長生きしたとき」のための保険**だ。

誰もが長生きするとは限らない。

だが、もし長生きしたら、現役時代と同様に働けない身で、100％自分で生活費を作るのは困難だ。

だから、そんな「もしも」に備えて、現役のうちに保険料を払っておくのである。

自分が払った保険料は、今まさに高齢になっている人に回っている。そしてもし、自分が長生きした場合には、その時代の現役世代が払っている年金が自分に回ってくる。もし自分が長生きしなければ、保険料は他の人に回る。

医療保険や生命保険には、「病気になったら、この金額」「死んでしまったら、この金額」という、「もしも」のときに入ってくる額が決まっている。基本的に高い保険料を支払うほどに、「もしも」のときに入ってくる額も大きくなる。

その点、国民年金の保険料は一律だ。

一部の例外を除いて、基本的に全国民が決まった額を払い、現在の年金受給開始年齢65歳に達した人すべてが、決まった額を受け取る。

ざっくりと、20歳から65歳までの45年間月収の1割を年金保険料として支払い、平均的には65歳から90歳までの25年間に現役時代の月収の2・5割が支払われると考えていい。

もちろん、実際の現役時代の収入は人によって異なる。だが、それを言い出したらキリがないから、保険数理で平均的にならして、保険料も給付額も決められている。

つまり、あくまでも平均の話だが、**国民年金は「月収2・5割保証の長生き保険」**といえるのだ。

残念ながら65歳で亡くなると、基本的には年金はもらえない。

90歳まで生きれば、払った保険料と同じだけの年金がもらえる。

100歳まで生きれば払った保険料以上の年金がもらえる。

ちなみに、実際に自分がいくら受け取るのかは、毎年、誕生月に届く「ねんきん定期便」を見ればわかる。

「ねんきん定期便」は、「あなたからは、これだけ年金保険料を受け取りました」という国からのレシートであるとともに、「年金受給開始年齢になったら、これだけ給付しますね」という、国からの見積書でもある。

年金は破綻も枯渇もしない

というわけで、世の中には、常時、年金保険料を支払っている人たちと、年金を支給されている人たちがいる。

実際の支払額や支給額を決める計算はちょっと複雑だが、年金の原理そのものはシンプルだ。にもかかわらず、どうして年金に関して「破綻」とか「枯渇」とかいう話が出てくるのか。理解に苦しむ。

ここで改めて、最初に挙げた主張に答えよう。

・「年金は近い将来に破綻する」のか。

↓よほどひどい制度改革や、日本経済がガタ崩れになるような経済政策が行われない限り、このままいけば破綻しない。

・「真面目に年金を払うと、将来、損をする」のか。

↓真面目に払って、長生きすれば損はしない。損をするのは、早く死んでしまう人だけだ。

すでに触れたように、保険である年金は保険数理によって設計されている。

これは純粋な数学の世界であり、厳密な計算をして、保険料と給付額が弾き出されている。

言い換えれば、これから保険料を払う人の数をきちんと予測できていれば、**年金受給開始年齢を超えた人みなが、ちゃんと受け取れるようになっている**ということだ。

ここで、これから保険料を払う人の数というのは、将来人口である。

公的保険は「賦課方式」であるとはじめに書いたが、そのために将来人口が重要になってくるのだ。

「年金は枯渇するから、自分たちの世代はもらえない」のか。

これまでの答えと重複するが、将来人口の予測を間違えない限り、枯渇しないように厳密に設計されているから、よほどのことがなければ枯渇しない。

また、もらえるかどうかは、世代にはよらない。

どれだけ生きるかによる。

長生きすればするほど多くもらえるし、年金受給開始年齢になる前に死んでしまったら、いっさいもらえない、それだけのことだ。


そこで、将来人口の予測は大丈夫なのかという問題になる。

2000年以前の将来人口の推計は、政府が意図的に鉛筆をなめるように作っていた。

しかし、2002年の人口推計からはそうした人為操作をやめており、15年以上も経っているが、ほぼ予測通りになっている。

私はその当時の人口推計作業に関わっていたが、鉛筆なめなめ予測をするよりきちんと予測してそれに合わせて社会制度を作ったほうがはるかに楽だと思っていた。

実際、人口の減少は予測どおりであれば、なんら問題もない。人口減少はゆっくり起こるが、その間に制度的な対応ができるからだ。

どうも、人口減少が危ないという人と年金が破綻するという人はダブっていて、ともに人口予測がほぼ正しく行われていることを知らず、保険数理も知らない人のようだ。

年金運用問題は、なぜ「取るに足らない」といえるのか

このように、年金はきわめてシンプルな仕組みになっている。

それが理解できれば、いっとき騒がれていた「年金の運用問題」が取るに足らない話であることも、わかるだろう。

保険料として集めたカネを投資などに回し、その運用益と保険料を年金として支給する。これは基本的に「積立方式」の年金で用いられる手法だ。

積立方式は、国民年金基金や確定拠出年金といった私的年金に多く、公的年金である国民年金、厚生年金は、今もいったように賦課方式である。

そして賦課方式とは、現役世代から支払われた保険料が、ほぼそのまま年金受給世代の支給に回されるという仕組みだ。

もうわかるだろうか。

たしかに年金保険料の一部は運用されている。運用する以上、もちろん運用損は出ないほうが望ましいし、運用益は大きいほうがいい。

だが、そもそも「保険料→支給」が基本の賦課方式では、たとえ運用損が出ても、年金支給には何ら支障はない。それは、年金のバランスシートを見ればわかる。

年金といっても、保険料を集めて給付するのが活動なので、企業と同じようなバランスシートが作れる。

それを見ると、右側が負債、左側が資産である。

賦課方式の場合、右側が将来にわたって必要な年金給付額総計、左側がその財源になる保険料と現存する運用資産になる。保険料と運用資産の資産に占める割合は、保険料が9割、運用資産額は1割程度だ。

ということは、運用を失敗して運用資産がゼロになっても、年金給付は今の9割は確保できるという意味だ。運用を失敗しても運用資産がすべてなくなるという事態は考えにくく、仮に半分が失われたとしても、年金給付は5%カットにとどまる。

こうした数量的な理解ができれば、年金運用問題と年金枯渇問題を同列で考えること自体、お門違いというわけだ。

厚生年金は「月収5割保証」の「長生き保険」

国民年金は、会社勤めなどしていなくても、真面目に保険料を払っていれば必ず受け取れる年金だ。そのため、よく**「年金の1階部分」**と表現される。

その上に積み増される**「年金の2階部分」は、厚生年金**である。

厚生年金の場合は、月収（基本給のほか、残業手当や住宅手当など会社から受け取るカネをすべて合計した金額）の等級や賞与によって保険料が変わるが、これまた、ざっくりいえば、20歳から70歳までの約50年間（600月）にわたって毎月、月収の2割を支払うような仕組みになっている。

すると50年×0・2で、総額で給与の約10倍の保険料を支払うことになる。

そして70歳から90歳まで20年間で、現役のころの平均月給の約5割がもらえるようになる。

このように、**厚生年金とは「月収5割保証」の「長生き保険」といえる**のだ。

実際の年金受給開始年齢は65歳であるが、ここでは議論をより簡単にするためと、年金受給開始年齢は70歳のほうが実態に近いという意味で、70歳にしておく。そのうち年金の受給開始年齢は70歳にするべきという議論もでてくるはずだ。

70歳から支給が始まり、90歳まで生きると20年×0・5で給与の10倍だ。つまり、この時点で支払った額と受け取った額が同じになる。

これは、当然ながら、全体像をつかんでもらうための非常にざっくりした説明だ。

実際には、保険料率も変動すれば、年金受給開始年齢だって、今後、変わる可能性がある。

だが、**年金の基本設計として、「支払った額=受け取る額」になるように計算されていることには変わりない。**

もちろん、これは「90歳くらいで、支払った額と受け取る額がイコールになる」という話だから、長く生きれば生きるほど、支払った額以上の年金を受け取ることになる。

長生きする人は100歳まで生きると想定すると、70歳から30年間にわたって、現役時代の平均月収の5割を受け取ることになるから、30年×0・5で月収の15倍になる。

長生きする人は、文字どおり「トク」をするというわけだ。

ここで、中には「月々の年金だけでは暮らせないじゃないか」と、思った人もいるかもしれない。

国民年金が月収2・5割保証、厚生年金が月収5割保証だとすると、定年まで勤め上げたと想定して、自営業とサラリーマンでは給付額は現役時代の2・5割と5割と異なる。

それは払った保険料の違いでもある。

最低限の暮らしをするのに十分かどうかは、各人の生活様式によるはずだが、「それでは嫌だ、足りない」と思うのなら、年金以外の収入源をもつしかない。

元気ならば、再雇用制度を利用して引き続き働くか、今までの経験を生かして自営業をするか、リスクを承知で投資を始めるか、あるいは不労所得につながるようなオリジナルコンテンツの発信を始めるか、といったところだろうか。

まあ、引退せずに、細々とでも働いていれば、食うに困ることは少ないだろう。

それでも食えなければ生活保護という社会保障制度もある。働けなくなれば、余命もそれほどないので、それほど心配することもなくなる。

オークンの法則（p26）やフィリップス曲線（p60）でも話したことだが、国の責任は、食いはぐれる人を極力減らすことまでだ。

引退したら悠々自適、贅沢な余生を送りたい、現役時代と同じ生活レベルを維持したいというのなら、国に頼ろうとせずに、自分で何とかする道を探ることである。

そういう人が心配すべきなのは、「年金がもらえないこと」ではないのだ。

安泰な制度に疑念を抱く前に、会社員でなくなってからも自分で稼げるよう、いかに自分の才覚を磨くかを考えたほうがいい。

「逆ピラミッド型の人口構造」は問題ではない

年金というともう1つ、逆ピラミッド型の人口構造が取り沙汰されることもある。

「高齢者1人を、現役世代何人で支えるのか」などと、イラスト付きで解説されているのを目にしたことはないだろうか。

たとえば財務省のサイトには、次のようなページが設けられている。

「2014年において、日本の総人口は1億2,708万人。

そのうち65歳以上の方は3,300万人。

65歳以上の方ひとりを20歳から64歳の方2・2人が支えていることになります。

2012年以降、団塊の世代が65歳となり、基礎年金の受給が始まることなどから、社会保障給付金は増大することが見込まれています。

さらに2025年には、65歳以上の方の人口は3,657万人に。

65歳以上の方ひとりを20歳から64歳の方1・8人が支えることになると推計されています。」

まず、いっておくが、**財務省は「隙あらば増税したい人たち」**だ。

現に、この文面に続くのは、あからさまな増税推進論ではないにしても、「社会保障費が増大している」というお決まりの増税ロジックだ。

そのため、私などは、「支える」といった言葉遣いに言外の（「増税したい」という）意図を感じてしまうのだが、これを読んで「大変だ、このままいくと、やっぱり年金制度は破綻する」と思ってしまう人も多いことだろう。

たしかに少子高齢化が進むと、当然、人口構造は逆ピラミッド型になっていく。

そして単純な人数的割合だけ見れば、近い将来、財務省も示したような「高齢者1人に対して現役世代1・8人」になっていくのだろう。

だが、これは一種の数字のトリックであり、年金制度との関連では、ほとんど取るに足らない話なのだ。

なぜなら、人の「数」は、あまり問題ではないからだ。

年金は、つまるところカネの問題だ。

「現役世代1・8人で高齢者1人を支える」というのも、言い換えれば「現役世代1・8人分の所得から、高齢者1人分の年金を支払う」という意味である。

もし、よくイラストで解説されるように、物理的に「高齢者1人」を神輿のようなものに乗せ、

「現役世代１・８人」で持ち上げなくてはいけないのなら、たしかに大変だ。ここに、簡単に見せるためのイラスト解説で生じがちな誤謬がある。

実際に高齢者１人を支えるのは、現役世代１・８人の「腕力」ではない。「経済力」なのだ。

もうわかるだろうか。少子高齢化が進んだほうがいいとはいわない。

だが、年金制度との関連で考えれば、例の「現役世代１・８人」に、「高齢者１人」の年金を払っても困らないほどの所得があれば、何も問題はない。

したがって、問題は「人数」ではなく「個々の所得」だ。

つまり失業者を極限まで減らし、結果的に実質賃金が上がるよう、経済成長率を上げ続けることが、年金制度を維持するためにも重要なのだ。

現時点でいえば、日本は年々、ほぼ経済成長を続けている。

よほど経済成長の足を引っ張る政策が打たれない限り、少子高齢化が進もうとも、今の実質賃金より、次世代の実質賃金のほうが多くなるはずだ。

現役世代１・８人で高齢者１人を支えるというのも十分可能であり、心配はほぼ無用といっていい。

これに加えて、先の財務省のサイトにあるような試算を政府が出しているということは、少子高齢化がいかに進むか、すでに予測されていることを意味する。予測が立っていれば、対策も成り立つ。保険数理の計算でも、少子高齢化は折り込み済みというわけだ。

健全な国家運営が政府の責務なのだから、ちょっと考えれば、簡単に想像がつくことではないか。

こうした冷静な見方もできないまま、単なる「数」のロジックで無用に不安を煽る言説に惑わされてはいけない。

いずれにしても、人口推計は重要だが、15年以上前の２００２年推計はかなり当たっているので、当面、人口減少により社会保障制度崩壊の危険性はかなり少ないというのが事実である。

経済×心理学というアプローチ
――「行動経済学」「実験経済学」

行動経済学とは、心理学を取り入れて、「人は自己利益のために完全に合理的に意思決定する」という仮定を、現実的な仮定に置き換えて分析する学問だ。

一定の条件下で、人々はどのような経済行動を取るのか、ということである。

代表的なのは、２００２年にノーベル経済学賞を受賞したダニエル・カーネマンだ。カーネマンと同年に実験経済学のバーノン・スミス、２０１７年には行動経済学のリチャード・セイラー、そして２０１９年にも、実験経済学のマイケル・クレマー、アビジット・バナジー、エスター・デュフロの３教授が受賞している。

実験経済学も、社会実験手法を用いて人々の経済行動を観察、理論化するものだから、行動経済学と同じようなものと考えていい。

【図版29】行動経済学と実験経済学

～決定回避の法則と現状維持の法則～

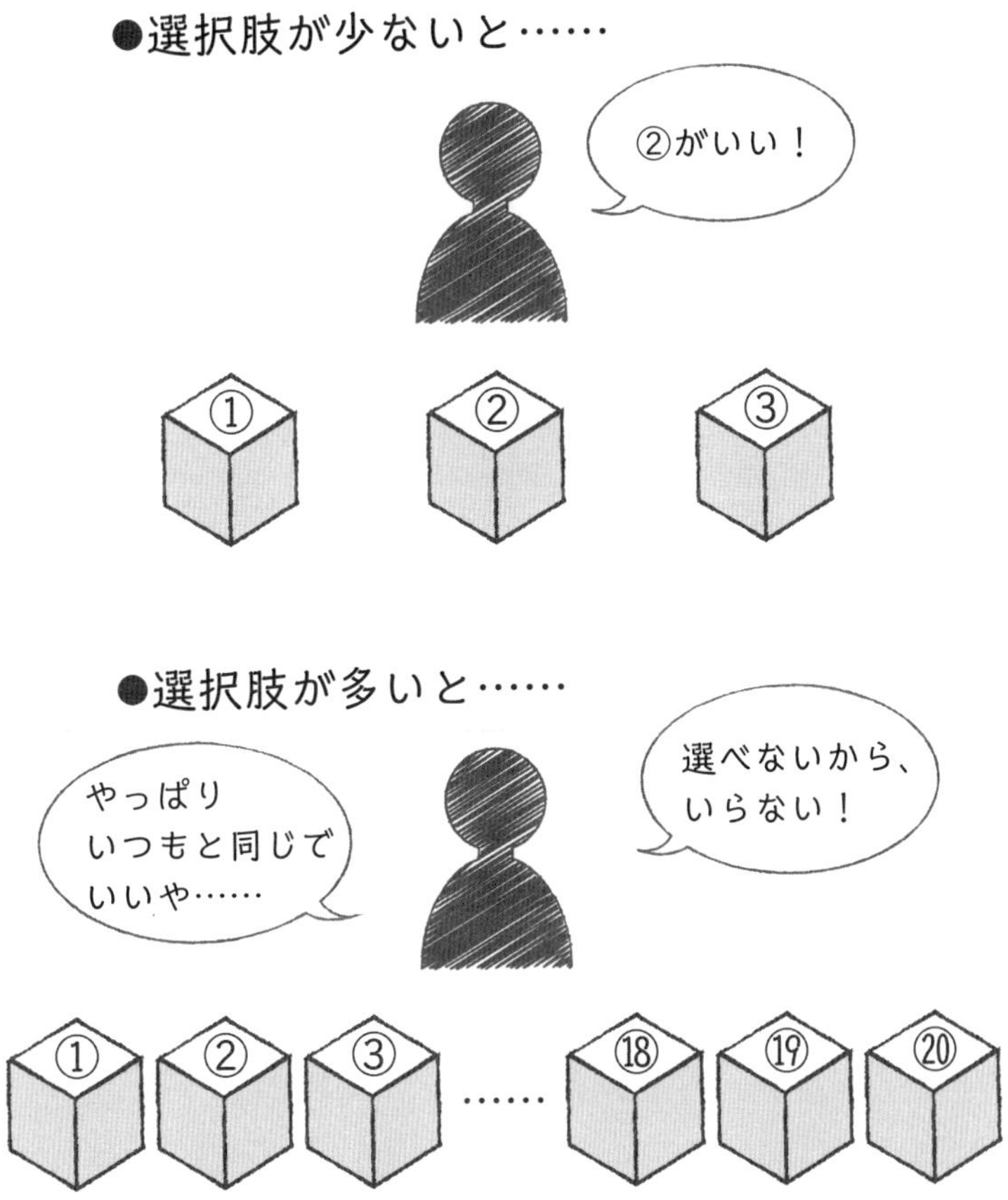

相手の狙いがわかれば、本当の「合理的意思決定」ができる

行動経済学も実験経済学も、私からすると、経済学というより多分に心理学、社会学に近いものだ。ただ、過去にも行動経済学のノーベル経済学賞受賞歴があるし、ちょうど2019年のノーベル経済学賞が実験経済学に決まり、タイムリーな話題なので取り上げることにした。

行動経済学の代表的理論には、「決定回避の法則」と「現状維持の法則」がある（【図版29】）。

決定回避の法則は、かつて、ある証券会社のコマーシャルにも取り入れられていた。

ある日、プリンストン大学の行動経済学の教授が、ディスカウント店を訪れる。

そこではベビーカーのバーゲンが行われており、4台のベビーカーが並んでいた。すると、品定めしていた若い夫婦が、そのうち一台を買っていった。

そこで教授がひとこと、「普通は選択肢が多いほうが、よりよいものが選べると思うでしょう？」と言うと、今度は20台のベビーカーが並べられる。ところが、そこへきた別の夫婦は、ひととおり品定めした末に、何も買わずに去っていく。

また別のある日、教授が文房具店に行く。そこには、いつも黒い手帳を買う男性がいて、色と

りどりの手帳を品定めしていた。だが、結局は黒を買っていく。

それを見た教授は「やっぱり黒だ」といってカフェに行くと、メニューを眺めた末に「いつもの」と注文する。

だいたい、こんなストーリーだったと思う。


このコマーシャルでも表現されているように、**決定回避の法則とは「人は選択肢が多くなると逆に行動を起こせなくなる」**というもの、**現状維持の法則とは「人は選択肢が広がりすぎると、かえって普段と同じものを選んでしまう」**というものだ。

人間心理に、こうした習性があることは、すでにビジネス界や広告業界では周知のことだ。

だから、消費者に別の商品に乗り換えさせたいときには、2～3の少ない選択肢を示す。

そこから選ぶことで、消費者は「限られた選択肢から、もっともよいものを選ぶ」という「合理的意思決定」をしたと感じる。売るほうからすれば、もちろん、そう消費者に感じさせ自分が売りたいものを買わせることが狙いだ。

逆に、消費者に1つの商品をずっと使わせたいときには、あえて大量の他商品を並べて見せ、判断することを「面倒だな」と感じさせることで、従来商品を選択するようにもっていく。

この場合、消費者は、「選択に時間的コストがかかるから、同じ商品を選択した」と感じる。やはり「合理的意思決定」をしたと感じるわけだ。

無論、先の例と同様、そう感じさせることが売る側の狙いである。

ビジネスの実用書を読む人なら、営業トークの要諦として、こうした話はたびたび耳にしてきているのではないか。かなりお馴染みのハウツーかもしれないが、元は行動経済学の理論なのだ。

このように、行動経済学は、たびたびマーケティングに用いられる。

少し意地悪な言い方をすれば、売る側の狙いに対する無知と、「合理的意思決定をしたい」という共通心理につけ込み、人々を巧みに誘導する理論ともいえる。

裏を返せば、こうした理論を知っておくと、少ない選択肢を示されたときには、「このうちどれかに乗り換えさせたいのかな」、大量の選択肢を示されたときには「継続させたいのかな」と、相手の狙いをうかがい知ることができる。

そうなれば、相手の狙いをわかったうえで冷静に、自分にとってもっともいい選択をするという、本当の「合理的意思決定」ができるだろう。

2019年ノーベル賞の実験経済学は、何が新しかったのか

2019年ノーベル経済学賞の実験経済学についても、触れておこう。

クレマー、バナジー、デュフロの3教授は、貧困問題の解決に「ランダム化比較試験」という社会実験手法を持ち込んだことが評価され、このたびの受賞となった。

ランダム化比較試験とは、実験者が「ランダムに介入するもの」と「異なるもの」の2グループに実験の対象者を分け、一定期間後に生じた両者の変化を比較するという実験方法だ。

じつは、この手法自体は目新しいものではなく、医薬品の分野では約50年前から用いられている。それを貧困問題に応用したというのが、新しかったのだ。

また、彼らの業績が実際の政策に生かされたという点も評価され、受賞につながったと考えられる。

今までにも、貧困問題を解決するために、先進国から発展途上国へと、さまざまな物資や資金が支援されてきた。そこでは貧困に対する先入観は排除されるべきであり、ランダム化比較試験によって、ある支援を「行った場合」と「行わなかった場合」の社会経済的な影響を比較し、貧しい人たちの行動原理を分析する必要がある。

これが受賞者たちの主張だ。

たとえば、「蚊帳を無償配布した場合」と「有償配布した場合」のマラリアの罹患率を比較し、無償支援の効果を検証するという具合である。

ノーベル経済学賞などの選考委員会がある、スウェーデン王立科学アカデミーによると、ケニアやインドで、受賞者たちの研究成果が活用されているという。

ちなみに、貧困問題に応用されたことで受賞となったランダム化比較試験は、その他、各分野で行われている。

たとえば、アメリカには、「売上税（日本の消費税に似たもの）などの税の表示が販売に影響するか」という研究がある。

読者も想像してみてほしい。買い物に行った際、税込価格と税抜き価格とでは、どちらのほうが「買いたくなる」だろうか。

何でもいいが、たとえば「110,000円（税込）」と表示されたテレビと「100,000円（税抜）」と表示されたテレビとでは、どちらのほうが買いたくなるか、という比較である。

買うとしたら、支払う金額は、もちろん同じだ。私などは、「どちらでも同じだから、別に購買意欲は変わらない」と思うだけなのだが、ランダム化比較試験の結果、「税込で表示すると、税抜の場合より8％売り上げが下がる」と結論づけられた。

となれば、現実社会に反映されてもいいはずだが、日本の国税庁による表示規制は、「税込表示」を原則としている。

おそらく、不勉強の役人が「表示が税込でも税抜でも、購買意欲は同じ『はず』だ。だったら、よりわかりやすい税込表示のほうがいいだろう」という程度の感覚で決めたのではないか。

あるいは、「税込表示のほうが、消費税が目立たない」という財務省の思惑も働いているのかもしれない。

それはともかくとしても、日本で経済規制が導入される際に、「ランダム化比較試験」という言葉を聞いたことがない。

要するに**日本では、経済学の成果が実社会に生かされていない**のだ。

日本からは、まだノーベル経済学賞受賞者は１人も出ていない。

欧米とは、研究者の層の厚さが違うというのもあるのだろうが、経済学の成果が実社会に生かされていないことも、１つの原因ではないかと私は考えている。

エピローグ

物事を本質的に理解し、自分の頭で考えるために

本書では、最低限、知っておきたい経済理論を紹介してきた。物事を本質的に理解し、自分の頭で考えるための武器を、またひとつ手に入れるきっかけとなっていれば幸いである。

プロローグでも述べたように、現実的に使える知識でなくては意味がない。そこで最後に、ぜひ話しておきたいことがある。それは、**物事には「ポジティブな議論」になる場合と、「ノーマティブな議論」になる場合がある**、ということだ。

「ポジティブな議論」と「ノーマティブな議論」

ポジティブというと「前向きな」などの意味を思い浮かべたかもしれないが、これには「実証的な」という意味合いもある。つまり**ポジティブな議論とは、「実証的に正しいか、正しくないか」という議論**だ。

一方、**ノーマティブとは「規範的な」といった意味合いであり、個々の価値判断が絡んでくる。**たとえていえば、ノーマティブな議論とは、「カレーといえばインドカレーだ」「いや、カレーといえば欧風カレーだ」といった「好み」の話だから、「正しいか、正しくないか」という議論にはならない。

経済には、じつはポジティブとノーマティブの両方の要素がある。
「正しいか、正しくないか」で考えるべきときもあれば、正誤のジャッジが成り立たない文脈で、ある価値判断に従って考えるべきときもあるということだ。

たとえば、「こういうことをすると経済成長率が上がる」というのはポジティブな議論だ。実証的なデータ分析によって因果関係が論じられ、「正しい、正しくない」という議論が成り立つ。

一方、所得再配分などはノーマティブな議論だ。ここで問題なのは、「格差をなくしたほうがいいかどうか」という価値判断であり、「正しい、正しくない」という議論は成り立たない。

ただし、価値判断に正誤はなくても、その価値判断による目的を達成する方法(政策)はある。

一例を挙げると、累進課税などは典型的だ。

所得再配分といっても、収入として個々人に入ってくるカネを、政府がすべて集めて配り直すわけにはいかない。そこで累進課税では、より所得が多い人からは、より多く徴税し、より所得が少ない人からは、より少なく徴税する。

このように、個々人の財布から税金として出ていくカネを、政府が調整することで、格差を少し平らにならしている。「格差をなくしたほうがいい」という価値判断のもと、その目的を達成する方法論として、累進課税という税制が設けられたということだ。

ごく最近にも、価値判断による政策の例がある。10％への消費増税で導入された「軽減税率」だ。

「増税によって貧しい人の負担がいっそう増えるのはよくない」「ならば、生活必需品は増税適用外としよう」という具合だ（こういうと聞こえがいいかもしれないが、私が基本的に増税には反対だというのは、前にも話したとおりだ）。

さらに、じつは本書で紹介した中にも、価値判断による政策があるのだが、どれかわかるだろうか。

「足による投票」で紹介した「ふるさと納税」である。

これは、私が「地域間格差をなくしたほうがいい」という大多数の価値判断に応えて、チボーの「足による投票」を理論的根拠として制度設計したものだったというわけだ。

いくつか例を挙げたが、こうした価値判断による政策は、他にもたくさんある。

自分の中で〝切り分けて〟おくのが大切

ただし、勘違いしてはいけない。

「格差をなくしたほうがいい」「社会は平等であるべきだ」などの価値判断から、ある政策を実施したからといって、それは経済成長率にはさほど影響しないのだ。

所得再配分をしてもしなくても、経済は落ち込むときは落ち込むし、成長するときは成長する。所得再配分と経済成長の間に、実証的な因果関係があるという話はほとんど聞かない。ただ単に、「格差をなくしたほうがいい」という価値判断が働いたら、その目的を達成するために、所得再配分の方法論がとられるだけだ。

要するに**「必要かどうか」ではなく、「したいかどうか」「重視するかどうか」という「好み」の問題**なのだ。経済政策は政府・日銀が実施するものだから、誰の好みかといえば為政者の好みということになる。

それを、あたかもポジティブな議論、つまり経済成長との因果関係が実証されているかのようにとらえてしまうと、たちまち、ことの本質を見失ってしまう。

ポジティブとノーマティブの切り分けができていないと、「正誤か、価値判断か」という議論の違いがわからないため、「所得再配分は、一国の経済のために必要なんだ（正しいことだ）」などと考えがちだ。実際、「所得再配分が必要だという理論はないのか」と聞かれることもよくある。そこで私が、「それは価値判断の問題なので、理論はない」というと、相手はガックリきてしまうようだ。

物事を考えるうえでは、こうしたポジティブとノーマティブの違いを理解し、自分の中で切り分けておくことが重要だ。データ的な話なのか、それともイデオロギー的な話なのかを見きわめるクセをつける、といってもいいだろう。

私は、ポジティブな議論の場合は「実証的に正しいかどうか」を考える。具体的な政策提言を求められたら、過半数が支持する価値判断に応えるために、「どんな方法がもっとも合理的か」を考えるだけだ。「カレーといえばインドカレー」という価値判断が過半数を占めるのなら、もっとも合理的に、おいしいインドカレーをつくる方法を、データに基づいてロジカルに考えるということだ。

ノーマティブな議論のときには、自分の価値判断は交えない。

自分の知識や能力は、主に、そういうことのためにあると思っている。

私は理系出身の数量政策学者であり、イデオロギーは語らない。正直なところ、過半数の人の価値判断に対して、もっとも合理的な方法を提示することができれば、私自身の価値判断など、ほとんどどうでもいいことである。

つねにこのスタンスだから、すんなりと筋のいい結論が導かれるのだ。

データとロジックを用いて話すだけ

世の中には、イデオロギーとロジックやデータを混同したり、イデオロギーのみで語ったりする人が多い。要するに、ポジティブとノーマティブの切り分けができていない。そういう人たちは、すぐに出口のない言い争いに陥りがちだ。

だが私は、イデオロギーと、ロジックやデータを明確に峻別しており、つねに後者で論じる。右派だとか左派だとかにとらわれず、どのようなイデオロギーの人とも対話が可能なのも、そのためだ。**見解やアドバイスを求められたら、データとロジックを用いて話すだけ、やはり非常にシンプル**なのである。

読者も、**今後、物事を考える際には、「この話はポジティブな議論なのか、それともノーマティブな議論なのか」という視点をもつといい。**そうすれば、物事をもっとスッキリと見通せるようになるし、ノーマティブな議論で価値判断が異なる人がいても、出口のない言い争いに巻き込まれずに済む。「あなたは、そういう価値判断をするんですね」でおしまいだ。

何より、いくら知識があっても、正誤がつく実証的な話と、正誤がつかない価値判断の話をごちゃ混ぜにしていると、知識を使って考えるということが、うまくできなくなってしまうのだ。

じつは専門家であるはずの経済学者ですら、この落とし穴にハマっている人が多いのだが、本書の読者には、ぜひ、**ポジティブとノーマティブを切り分けて考えるクセをつけてほしい。**

それをもって、本書で身につけた知識は、現実的に使える本当の知識、生きた知識として役立っていくはずだ。

著者紹介

髙橋洋一（たかはし・よういち）

1955年東京都生まれ。都立小石川高校（現・都立小石川中等教育学校）を経て、東京大学理学部数学科・経済学部経済学科卒業。博士（政策研究）。

1980年に大蔵省（現・財務省）入省。大蔵省理財局資金企画室長、プリンストン大学客員研究員、内閣府参事官（経済財政諮問会議特命室）、総務大臣補佐官、内閣参事官（総理補佐官補）等を歴任。

小泉内閣・第一次安倍内閣ではブレーンとして活躍し、「霞が関埋蔵金」の公表や「ふるさと納税」「ねんきん定期便」など数々の政策提案・実現をしてきた。また、戦後の日本における経済の最重要問題といわれる、バブル崩壊後の「不良債権処理」の陣頭指揮をとり、不良債権償却の「大魔王」のあだ名を頂戴した。

2008年退官。

その後、菅政権では内閣官房参与もつとめ、現在、嘉悦大学経営経済学部教授、株式会社政策工房代表取締役会長。

『【図解】ピケティ入門』『【図解】経済学入門』『【明解】会計学入門』『【図解】統計学超入門』『外交戦』『【明解】政治学入門』『99％の日本人がわかっていない 新・国債の真実』『【図解】新・地政学入門』（以上、あさ出版）、第17回山本七平賞を受賞した『さらば財務省！ 官僚すべてを敵にした男の告白』（講談社）など、ベスト・ロングセラー多数。

実生活《じっせいかつ》で役立《やくだ》つ“武器《ぶき》”になる！
明解《めいかい》 経済理論入門《けいざいりろんにゅうもん》

〈検印省略〉

2020年 4 月 13 日 第 1 刷発行
2023年 4 月 6 日 第 2 刷発行

著　者——髙橋 洋一（たかはし・よういち）
発行者——田賀井 弘毅

発行所——株式会社あさ出版
〒171-0022 東京都豊島区南池袋 2-9-9 第一池袋ホワイトビル 6F
電　話　03（3983）3225（販売）
　　　　03（3983）3227（編集）
F A X　03（3983）3226
U R L　http://www.asa21.com/
E-mail　info@asa21.com
印刷・製本 美研プリンティング（株）

note　http://note.com/asapublishing/
facebook　http://www.facebook.com/asapublishing
twitter　http://twitter.com/asapublishing

ISBN978-4-86667-196-3 C2034